Elke Esders

Nachhaltig denken und handeln: Coaching für Politiker

Mit 2 Abbildungen und einer Tabelle

Vandenhoeck & Ruprecht

Bibliografische Information der Deutschen Nationalbibliothek
Die Deutsche Nationalbibliothek verzeichnet diese Publikation in der
Deutschen Nationalbibliografie; detaillierte bibliografische Daten sind
im Internet über http://dnb.d-nb.de abrufbar.

ISBN 978-3-525-40331-0
ISBN 978-3-647-40331-1 (E-Book)

Satz: SchwabScantechnik, Göttingen
Druck und Bindung: ⊕ Hubert & Co. Göttingen

Inhalt

Grußwort von Maria Badia i Cutchet.   7

Vorwort von Jürgen Hargens. 10

Einleitung 12
  Was treibt Sie an?. 15
  Ein Buch oder ein Coach? 16
  Noch eine Form der Politikberatung? 17
  Coaching für Politiker 19
  Überall ist Komplexität: Die Europa-Parlamentarier
  als Paradebeispiel. 20

Eine Legislaturperiode für Ihre Ausstrahlung und für die
Nachhaltigkeit in der Politik 26
  Werte und Führungsqualitäten erfolgreicher Politiker 27
  Die neue Legislaturperiode und meine politische Arbeit:
  Wie gehe ich nun vor? 39
  Wer hilft mir und wie baue ich mein Netzwerk auf? 51
  Welche Politik? Teil 1: Visionen entwickeln 63
  Welche Politik? Teil 2: Sicht- und Denkmodelle probieren . . 76
  Wie setze ich meine politischen Vorstellungen um?
  Ergebnisse erzielen!. 85
  Exkurs: Die politische Sprache 98
  Privates, Entspannung und Hobbys dürfen
  nicht zu kurz kommen 107
  Die Legislaturperiode neigt sich dem Ende zu:
  Und was nun?. 116
  Zusammenfassung des Hauptteils 122

Ausblick 126
    Eine Stimme für eine künftige Politik 126
    Die Zukunft des Coachings in der Politik 127
    Abschlussbemerkung 129

Literatur und Literaturempfehlungen 131

Grußwort

Seit vielen Jahren fasziniert mich, wie gerade wir Frauen unsere Rolle als Privatperson mit der Rolle als beruflich aktive und öffentliche Akteurin miteinander vereinbaren. Mein Mann ist Schauspieler und ich bin Mutter und Großmutter und gehe in dieser Rolle auf. Gleichzeitig gehe ich in meiner Rolle als Politikerin im nationalen und internationalen Raum auf. Dabei versuche ich Synergien zu schaffen: Methoden, die zuhause funktionieren, sind oft auch nützlich in der Politik.

Manchmal hat man jedoch das Gefühl, dass zu viele Ansprüche auf einmal an einen gestellt werden. Dann gelingt es nicht, klar darüber nachzudenken, wie man sich besser organisiert und Prioritäten setzt, und gar zu reflektieren oder infrage zu stellen, was man gerade tut, aus welchem Grunde und auf welche Weise.

Wenn man sich einen Coach sucht, mit dem man sich wohlfühlt, kann man sich in solchen Situationen regelmäßig aus dem hektischen Treiben zurückziehen wie auf eine Insel der Ruhe und Entspannung. Mit Hilfe des Coaches kann man seine Arbeit aus der Distanz betrachten und überprüfen, wie man Synergien effizienter gestaltet, ohne dass das Wohlgefühl darunter leidet. Außerdem hilft der Coach, unsere Prioritäten immer wieder zu überprüfen, wodurch wir unsere Aktivitäten reduzieren können.

Im Rahmen meiner Arbeit in Katalonien sagt man: »Jeder hat sein kleines Herz!« Bei jedem Gespräch und jeder Verhandlung versuche ich, dieses bei meinem Gesprächspartner zu finden. Wir mögen alle noch so verschieden sein, aber das »kleine Herz« eint uns alle. Auf dieser Ebene sind wir alle erreichbar.

Eine weitere wichtige Qualität für eine lösungsorientierte Politik in der Welt ist die eigene Neugier. Wenn man wissen und verstehen will, wie die Sicht des anderen zustande kommt, erleichtert man sich das Verhandeln, denn man nimmt den anderen ernst. Vielleicht soll-

ten wir mehr über abweichende Meinungen reflektieren und fragen:
Was lehren sie uns? Und was bedeuten sie für uns? Weisen sie uns
auf Aspekte hin, die wir übersehen haben?

Das Leben als Politiker kann strapaziös sein. Wichtig ist, dass man
für sich klärt, warum und wofür man sich und sein Leben einsetzt.
Mir geben Europa und die europäische Friedensidee immer wieder
den Antrieb, selbst wenn es mal hart kommt.

In den Pausen, die ein Coaching dem Politiker bietet, hat man
die Möglichkeit, sich diese und andere Dinge bewusst zu machen
und über sich selbst und seine Vorgehensweisen mehr zu lernen.
Oft denken und handeln wir auf eine Weise, wie wir es schon immer
getan haben, aus Gewohnheit und weil es sich in der Vergangenheit
bewährt hat. Mit der Fülle der Aufgaben, die wir Politiker zu bewältigen haben, nehmen wir uns womöglich selten Zeit zu hinterfragen,
ob diese Denk- und Handlungsweisen immer noch nützlich sind.
Auch hier kann ein Coach uns helfen, neue Sicht- und Verhaltensweisen auszuprobieren.

Ich denke, dass wir in unserer globalisierten Welt den Bürgern
mehr Vertrauen entgegenbringen müssen. Dafür müssen wir sicher-
stellen, dass es genügend entsprechende Bildungs- und Fortbildungs-
möglichkeiten gibt, zu denen jeder Zugang hat.

Um die heutigen Herausforderungen in unserer Umwelt und in
der Welt annehmen zu können, brauchen wir intelligente Beiträge
aller Menschen. Wir alle sind verantwortlich für unsere Gesellschaft
und unseren Planeten. In Zukunft werden wir als Politiker noch mehr
dafür sorgen müssen, dass die Strukturen so gestaltet werden, dass
mehr Ideen Gehör finden und kanalisiert und umgesetzt werden
können. Einen Schritt in diese Richtung haben wir auf europäischer
Ebene getan. Wir haben mit dem neuen Vertrag von Lissabon eine
Bürger-Initiative eingeführt, die es den Menschen erlaubt, die EU-
Kommission dazu zu bringen, eine bestimmte gewünschte Geset-
zesvorlage zu erarbeiten. Hierzu müssen eine Million Unterschriften
gesammelt werden. Dies ist mit den heutigen Technologien relativ
leicht zu bewerkstelligen. Ich wünsche mir, dass diese Initiative fördert, dass die Menschen sich noch mehr untereinander austauschen,
um ihre gemeinsamen Ziele festzulegen und auf den Weg zu bringen.
Weitere Schritte für mehr Einsatzmöglichkeiten der Bürger müssen folgen, insbesondere auf lokaler Ebene. Die Reflexion darüber,

wie wir Menschen gemeinschaftlich unsere Energien und unser Wissen für die Belange dieser Welt bündeln und einsetzen können, wäre ein Beispiel für ein Coaching mit einer Gruppe von Politikern. Mit seinen Methoden kann der Coach einen Mehrwert bieten, um unsere Kreativität anzuzapfen.

In ihrem Buch spricht Elke Esders von der Sprache in der Politik, aber in den EU-Institutionen haben wir zudem unsere ganz eigene Sprachwahl. So benutzen wir häufig zahlreiche Abkürzungen und Fachtermini, die wohl nur Insidern und Forschern, die sich mit EU-Themen befassen, bekannt sind. So praktisch dies alles in einem internen Bereich mit 27 Nationalitäten ist, so unverständlich muss manches auf die Außenwelt wirken. Wenn wir als Europa-Politiker unsere Botschaften klarer vermitteln wollen, werden wir hieran stärker arbeiten müssen.

Diese und andere inhaltliche Themen kann ein Politiker mit einem Coach diskutieren. Wiederum geht es um Bewusstmachungsprozesse und nicht darum, dass der Coach dem Politiker sagt, wie es besser geht. In der Hektik des politischen Alltags ist ein regelmäßiger Rückzug in die Reflexion nicht nur ein Gewinn, sondern ein Muss.

Meine persönliche Sicht von Politik habe ich auf meinem Blog festgehalten: »Ich verstehe Politik als eine Dimension des ›Wir‹, als unseren Beitrag dazu, was uns allen gemeinsam ist. Aus meiner Sicht bedeutet, seine Hände in Unschuld zu waschen, sich seiner Fähigkeiten als Bürger zu entledigen. Genauso wie wir uns um unsere Familien und unsere Freunde kümmern, müssen wir uns um unsere menschliche Gemeinschaft kümmern. Hierbei verstehe ich den Begriff der Gemeinschaft als auf das ganze globale Dorf ausgedehnt« (www.efutur.eu/mariabadia, Übersetzung aus dem Englischen).

Maria Badia i Cutchet,
Mitglied des Europäischen Parlaments,
Vize-Präsidentin der Fraktion der
Progressiven Allianz der Sozialdemokraten

Vorwort

»Endlich!«, das war mein erster Impuls, als ich von Elke Esders erfuhr, dass sie ein Buch über Coaching für Politiker schreiben wollte. Als ich dann das fertige Manuskript in Händen hielt, steigerte sich meine Freude, denn Elke Esders hatte ihre Idee – einen Vorschlag zur Politikerberatung zu erläutern und zu illustrieren – auf eine überaus kompetente, respektvolle und nachhaltige Weise verwirklicht. Und es hat zwei große Vorteile, dass gerade sie ein solches Buch geschrieben hat. Der eine ist allzu offensichtlich: Sie ist selbst Coach. Der andere ist nicht minder wichtig: Sie arbeitet im politischen Kontext, hat daher Einblick wie Erfahrung und lässt diese immer wieder einfließen, ohne daraus abzuleiten, dass sie wisse, was richtig sei – sie macht vielmehr auf Möglichkeiten und Chancen aufmerksam und lässt ihre Beschreibungen der »Lebensumwelt und Lebenswirklichkeit« der Politiker im Europäischen Parlament immer mit beinahe leichten und spielerischen Angeboten zu Übungen ausklingen, die einen Vorgeschmack auf das bieten, was Coaching bringen kann.

Politiker arbeiten in einem Kontext hoher Komplexität – sie nehmen mit ihren Entscheidungen Einfluss darauf, wie die Menschen zukünftig leben werden bzw. sollen. Das bedeutet immer, Entscheidungen in einer Welt der Unbestimmtheit und Unsicherheit treffen zu müssen, denn niemand ist in der Lage, richtige oder sichere Vorhersagen zu treffen. Da macht es durchaus Sinn, sich auch solche Unterstützung zu suchen, die weniger interessengeleitet ist. Eine Möglichkeit ist die, das Können und das Know-how eines Coaches zu nutzen, der hilfreich sein kann, die eigene Position angesichts einer Flut von Informationen, Interessen, Lobbyarbeit zu stärken. So kann es leichter und nachhaltiger gelingen, sich nicht in die Position des »wissenden Rechthabers« zu verstricken, sondern des reflektierenden Denkers, der an den Visionen einer menschenwürdigen Zukunft arbeitet.

Das verlangt neben Standfestigkeit auch den Mut, mit Unsicherheiten umzugehen. Heinz von Foerster, ein Kybernetiker und Konstruktivist, der sich selbst als neugierig bezeichnete, hat dieses Dilemma aus seiner anderen Sicht beschrieben. Er stellte fest, dass wir nur die sogenannten unentscheidbaren Fragen beantworten können, denn die Antworten auf alle anderen Fragen stünden ja bereits fest. Und in diesem Kontext von Komplexität und Unsicherheit bewegen sich Politiker. Sie stehen immer wieder vor solchen unentscheidbaren Fragen – und nehmen damit gewaltigen Einfluss auf das Leben von morgen und übermorgen. Von daher begrüße ich es sehr, dass Elke Esders Perspektiven aufzeigt, wie es möglich sein kann, verantwortungsbewusster, respektvoller und nachhaltiger in diesem Kontext zu arbeiten. Genau darin liegt die Chance des Coachings von Politikern. Doch – und das ist eine ganz andere Herausforderung – es verlangt von Politikern Mut, sich darauf einzulassen.

Ich wünsche dem Buch eine große Verbreitung, auf dass es dazu beitragen möge, das, was in vielen anderen Bereichen – wie zum Beispiel in der sozialen Arbeit, in Wirtschaft und Unternehmen – bereits selbstverständlich ist, auch in der Politik zu einem ganz normalen Vorgang zu machen: sich der Unterstützung eines persönlichen Coachs zu bedienen und mit diesem eine eigene Position dazu zu finden, wie der Politiker mit dem auf ihn ausgeübten interessegeleiteten Druck zum Wohle der von ihm vertretenen Menschen umgehen will und wird.

Jürgen Hargens
Diplom-Psychologe, Coach und Coaching-Ausbilder

»Wenn der Mensch sich freiwillig wieder als Teil der Natur versteht, drückt sich darin ein biosphärisches Bewusstsein aus, das sich von allen vorherigen Bewusstseinsstadien unterscheidet. In dieser Bewusstseinsphase wird der Mensch sich nicht länger in der Geosphäre, sondern in der Biosphäre engagieren. Die Geopolitik basierte auf der Annahme, dass die Umwelt ein gigantisches Schlachtfeld sei, auf dem wir um die Ressourcen kämpfen, um als Individuen zu überleben. Biosphärische Politik hingegen basiert auf der Vorstellung, dass die Erde wie ein lebender Organismus funktioniert und dass jeder von uns wächst und gedeiht, wenn wir das pflegen, wovon wir selbst ein Teil sind«
(Rifkin, 2010, S. 422 f.).[1]

Einleitung

Kostas[2] war nach den Europawahlen gerade neu ins Europäische Parlament gekommen, als ich ihn fragte, was denn seine Ziele als Europa-Abgeordneter seien. Das könne er jetzt doch noch nicht sagen, meinte er, er wisse doch noch gar nicht, wie das Europa-Parlament funktioniere und was hier möglich sei.

Diese Antwort reflektiert bereits *ein* Dilemma am Anfang einer (neuen) politischen Karriere. Einerseits sind Sie gerade in Ihr politisches Amt gewählt worden und die Menschen, die Sie gewählt haben, erwarten von Ihnen, dass Sie Politik machen, ihre Interessen vertreten und dabei Ihre eigenen Vorstellungen haben und wissen, *wie* Sie vorzugehen haben. Andererseits sind Sie Mensch und wie Kostas durch eine Wahl womöglich in eine neue Arbeitsumgebung gekommen. Das kann dazu führen, dass Ihre politischen Ziele in den Hintergrund geraten, dass Sie die Ziele abhängig machen von technischen Möglichkeiten oder gar vorübergehend ganz aus den Augen verlieren.

Wenn Sie von Anfang an voll in den politischen Prozess einsteigen wollen und sich persönlich in Ihrer Funktion weiterentwickeln möchten; und wenn Sie die Politik in unserer näher zusammenrückenden Welt optimal mitgestalten wollen, wird dieses Buch Ihr Interesse finden.

Unsere Ausstrahlung und unser Charisma nähren sich aus unserem Innersten. Wer beides entwickeln möchte, wird an seiner eigenen Persönlichkeit ansetzen. Wenn unsere innersten Werte mit unseren Zielen und Handlungen und mit unserem Reden übereinstimmen, sind wir authentisch und können andere Menschen mitreißen, weil wir überzeugend sind. Diese Zielrichtung ist die Grundlage meines Coaching-Konzepts.

Dieses Buch richtet sich an Politiker und Politikerinnen von der kommunalen bis zur internationalen Ebene; egal, ob Sie gerade erst in Ihr Amt gewählt oder ernannt worden oder bereits seit vielen Jahren erfolgreich als politischer Entscheidungsträger tätig sind. Es richtet sich genauso an Referenten und politische Berater, die in der Politik beschäftigt sind und Politikern zuarbeiten.

Studierende der Politik und Menschen, die sich für Zukunftsmodelle zu »global leadership qualities« interessieren, finden hier Material für weitere Diskussionen.

Mein Coaching-Konzept zur Nachhaltigkeit hat zum Ziel, Entscheidungsträger bei ihrer professionellen Entwicklung und in ihrem persönlichen Wachstum zu unterstützen. Vielleicht möchten Sie das gesamte Konzept in seiner chronologischen Folge für sich nutzen? Vielleicht reicht es Ihnen, wenn Sie sich aus den für Sie relevanten Kapiteln das für Ihre Situation und Ziele Nützliche heraussuchen?

Egal, ob Sie suchender Neuling oder erfahrene politische Führungskraft sind, Sie alle können sich zu genau der überzeugenden, vielleicht auch internationalen politischen Führungskraft entwickeln, die Sie sein möchten.

Das Coaching-Konzept für Nachhaltigkeit habe ich gemeinsam mit Abgeordneten des Europäischen Parlaments entworfen. In ihrer Funktion erleben sie besonders deutlich das Zusammenwachsen der Welt, die Globalisierung und wie wir von Ereignissen, Veränderungen und politischen Entscheidungen häufig alle gleichzeitig betroffen sind. Umso wichtiger ist deshalb eine reflektierte, ausgewogene Politik. Am Beispiel der Europa-Politiker möchte ich Ihnen diese Form der individuellen Zusammenarbeit mit Politikern vorstellen.

Somit umfasst das Konzept sowohl das politische Umfeld als auch den internationalen Rahmen. Ob beispielsweise als Bürgermeister,

Stadtrat, Politiker einer regionalen Instanz, nationaler Parlamentarier oder als Führungskraft in internationalen Organisationen:
Sie alle werden viele Analogien zu Ihrem beruflichen Kontext in
diesem Buch finden. Sie alle stehen vor der Aufgabe, sich und Ihre
Arbeit in komplexen Strukturen zu organisieren, mit Mitarbeitern
und innerhalb von Netzwerken zusammenzuarbeiten, Ziele und
Vorgehensweisen zu formulieren und umzusetzen, dazu erfolgreich
zu kommunizieren und dabei Ihre Gesundheit und Ihr Privatleben
nicht aus dem Auge zu verlieren. Ich freue mich, wenn Sie nützliche
Anregungen in diesem Buch finden.

Von Seiten meiner Coaching-Kollegen erfahre ich immer wieder
großes Interesse an meiner Arbeit. Deshalb: Vielleicht sind auch Sie
internationaler oder interkultureller Coach und bereit, Ihre Dienstleistung Politikern anzubieten? In diesem Falle: Lesen Sie weiter!
  Ausgelöst durch meine eigene Stressbetroffenheit als politische
Referentin begann ich vor etwa zehn Jahren, mich mit Gesundheits-
themen zu befassen. Besonders faszinierte mich, wie wir mit unserem
eigenen Geist sowohl unseren körperlichen Zustand als auch unser
Empfinden beeinflussen können.
  Ich begann, mich mit den verschiedenen Wissenschaften zu befassen, die dem Coaching zugrunde liegen, insbesondere den Neurowissenschaften, wurde selbst Coach – und war verblüfft! Da hatte
ich einen äußerst abwechslungsreichen, bunten und reichhaltigen
Job in der Politik und war in Kontakt mit den unterschiedlichsten
Menschen, Kulturen und Ideen, und doch reproduzierten wir alle
gemeinsam eine bestimmte uns eigene Kultur mit zahlreichen immer
wiederkehrenden und nicht hinterfragten Denk-, Rede- und Verhaltensweisen! Gleichsam gefangen in unserer eigenen (politischen)
Welt, und das, obwohl diese Welt überaus durchlässig ist und überall
Schnittstellen zu anderen »Welten« bestehen!
  Beispielsweise widerspricht vieles von dem, was die Wissenschaften uns bezüglich des Erreichens von Zielen lehren, diametral dem,
wie wir in der Politik vorgingen und meistens noch immer vorgehen.
Wie wäre es, wenn wir diese Erkenntnisse nutzten, um unsere Politik
effizienter zu gestalten und proaktiv Einfluss zu nehmen auf die sich
wandelnden Gegebenheiten in der Welt?

Nach vielen Diskussionen mit interessanten Menschen aus dem Coaching-Bereich und aus der Politik und nach mehrfachen Ermunterungen, hierüber zu schreiben, entstand dieses Buch. Es versucht, die Politik als Feld des Dualismus und des Polarisierens und die wachsenden Verflechtungen und Interdependenzen einer globalisierten Welt miteinander auszugleichen. Es will dazu beitragen, in dieser Gegenläufigkeit von Spaltung und Zusammenwachsen nachhaltige Politik zu erlauben.

Der interessierte Leser wird mit Hilfe der für ihn relevanten Übungen verschiedene Bereiche seines Arbeitslebens optimieren können und er wird angeregt, einen gesunden Ausgleich zwischen dem Arbeits- und dem Privatbereich zu schaffen.

Sie alle erhalten zudem Denkanstöße, Perspektiven und Sichtweisen einmal anders auszuprobieren mit dem Ziel, Ihre Politik erfolgreich und für Sie selbst, für Ihr Umfeld und für die Welt nachhaltiger zu formulieren und zu gestalten. Darüber hinaus werden Sie angeregt, neben der traditionell ausschließlich auf der Ratio basierenden Politikgestaltung eine komplementäre Vorgehensweise auszuprobieren. Es handelt sich um die mentale Arbeit an unserem eigenen Geist, damit wir uns verändern, um die Welt zu verändern. Denn Nachhaltigkeit beginnt bei uns selbst.

Insgesamt bekommen Sie einen ersten Eindruck, was ein Coaching für Sie leisten und wie Sie die Dienstleistungen eines persönlichen Coaches für sich einsetzen können.

Danke, dass Sie sich die Zeit nehmen, mit Hilfe dieses Buches Ihre Arbeit weiterzuentwickeln!

Was treibt Sie an?

Ein Spezifikum in der Politik ist, dass Ihre Aktivität als Politiker nie als uneingeschränkt erfolgreich bewertet wird. Selbst wenn Ihnen ein entscheidender Durchbruch in der Verhandlung oder in der Umsetzung eines Projektes gelungen ist, gibt es immer die Opposition, ein Presseorgan, Lobbyisten oder sonst jemanden, der Sie und Ihre Aktivitäten kritisiert.

Trotz dieser öffentlichen Wahrnehmung und Kritik gelingt es Ihnen, Ihre Motivation aufrechtzuerhalten. Politiker verfügen über ein erstaunliches Quantum an Frustrationstoleranz und Durchhaltevermögen angesichts der oft alles andere als positiven Öffentlichkeits- und Presseresonanz auf ihr Reden und Handeln.

Es können innere Überzeugungen und Werte wie Integrität und Glaubwürdigkeit sein, die Politiker antreiben. Die Begeisterung für ihr jeweiliges Ressort oder die Interessen der Region, die sie vertreten, gehören dazu. Oft ist es der Wunsch, einen Beitrag zu leisten, die Gesellschaft, Lebensverhältnisse oder die Umwelt zu verbessern oder sich einzusetzen für die Welt und ihre Menschen. Als Politiker befinden Sie sich in einer Schlüsselposition, in der Sie etwas bewegen können.

Es gibt also immer irgendetwas, das Sie und andere Politiker antreibt, der Dauerkritik standzuhalten und weiterzumachen. Finden Sie heraus, welches für Sie die Faktoren sind, die Sie antreiben! Auf diesen Stärken können Sie aufbauen!

Ein Buch oder ein Coach?

Dieses Buch enthält Anregungen und Übungen, die Sie für sich allein erarbeiten können. Sie sollen Ihnen einen ersten Einblick geben in die Vorgehensweise und Möglichkeiten des Coachings. Leichter mag es Ihnen fallen, das Buch zu nutzen, um sich auf dieser Grundlage von einem erfahrenen Coach helfen zu lassen, Ihre Ziele zu entwickeln.

Ein Coach kann auf Ihre ganz persönlichen Stärken und Belange eingehen, mit Ihnen Lern- und Entwicklungsziele erarbeiten und die einzelnen Schritte, die Sie umsetzen, jeweils mit Ihnen bewerten. Wenn Sie dies wünschen, könnte er Sie einen Tag lang begleiten, Ihnen zuhören in Ihren Verhandlungen, Sie bei Ihren Aktivitäten beobachten. Anschließend könnten Sie gemeinsam Erfolge und Optimierungsmöglichkeiten diskutieren.

Mein eigenes Coaching-Konzept für Nachhaltigkeit speist sich aus in mehr als zwanzig Jahren gesammelten Erfahrungen als Politologin und politische Referentin in der UNO und im Europäischen

Parlament sowie meiner mehrjährigen Praxis als Coach in diesem Umfeld. Zudem stütze ich mich auf die relevante Literatur, von der Sie zahlreiche Titel im Anhang finden.

Den Begriff der »Nachhaltigkeit« habe ich gewählt, weil er dem grundlegenden Prinzip allen Lebens entspricht, nämlich der Veränderung. Im 18. Jahrhundert bezog sich die Idee der nachhaltigen Entwicklung allein auf die Forstwirtschaft. Es sollte sichergestellt werden, dass nicht mehr Bäume geschlagen würden als nachwachsen können. Später wurden nach und nach neben der Umwelt auch wirtschaftliche und gesellschaftliche Gesichtspunkte in den Begriff aufgenommen.[3] Immer geht es darum, im Gesamtsystem einen Ausgleich, eine gesunde Balance zu finden.

Der Begriff der Nachhaltigkeit wurde damit der Globalisierung und der Tatsache angepasst, dass Eingriffe ins System Auswirkungen auf die gesamte Menschheit haben können. Es ist davon auszugehen, dass der Begriff in seiner Ganzheitlichkeit weiter wächst.

Vor diesem Hintergrund müssen Politiker heute ihre Entscheidungen treffen. Genau diese globale systemische Interdependenz und Holistik berücksichtigt mein Coaching-Konzept.

Noch eine Form der Politikberatung?

Worum geht es? Es gibt doch schon so viele Beratungsformen in der Politik.

An erster Stelle stehen in Parlamenten die wissenschaftlichen Dienste sowie sonstige Mitarbeiter, deren Aufgabe die fachliche, also inhaltliche Beratung der Politiker ist. Zusätzliche unzählige inhaltliche Beratungsangebote bieten Lobbyisten jedweder Art, die Wissenschaft, die Forschung und die Wirtschaft. Diese Interessenvertreter werden von Politikern entweder konsultiert oder sie wenden sich von sich aus an die Politik.

Über die gesamte Europäische Union verteilt gibt es darüber hinaus zahlreiche von den EU-Institutionen ins Leben gerufene Organe und Beobachtungsstellen, die zu einer Reihe bestimmter Themenbereiche Daten und Informationen sammeln und auswerten. All dies dient ebenfalls der politischen Entscheidungsfindung.

Spitzenpolitiker wie Regierungschefs haben heutzutage, wo sie pausenlos der Öffentlichkeit und dem Medienurteil ausgesetzt sind, ihre sogenannten »Spin-Doctors«. Es sind die persönlichen Berater und gleichzeitig Ideengeber, Image- und PR-Berater und gegebenenfalls Pressesprecher für den Politiker. Sie entwickeln dabei oft selbst sehr viel Macht und großen Einfluss.

Ein Beispiel ist Alastair Campbell, der jahrelang Tony Blair begleitete, erst als Pressesekretär und später als offizieller Pressesprecher und Direktor für Kommunikation und Strategie. Viele nannten ihn den »eigentlichen« Premierminister (»The real PM«). Campbell schrieb ein Buch über seine Zeit mit Tony Blair (»The Blair Years«, 2007). Es gibt tiefe Einblicke in die gesamte Regierungsarbeit der britischen Staatsführung dieser Zeit.

Auch Karl Rove, ehemals Spin-Doctor von George W. Bush, entwickelte in den USA für eine demokratisch nicht legitimierte Einzelperson eine bis dato selten erlebte Machtfülle. Von ihm, der auch das »Hirn des Präsidenten« genannt wurde, heißt es, er habe mit fragwürdigen Mitteln gearbeitet.

Es gibt für Politiker außerdem professionelle Imageberater und Medientrainer. Sie helfen beim Vermarkten der eigenen Person, bei Imagearbeit, Stil, auch der Kleidung oder beim Umgang mit Stress und Emotionen. Sie sind da, um Rhetorik und Gestik mit dem Politiker einzuüben und bei Lampenfieber zu helfen.

All dies sind wichtige Aufgaben in einer globalen Mediengesellschaft, wo insbesondere Regierungspolitiker besonderem Druck und kontinuierlich der Öffentlichkeit ausgesetzt sind. Und diese Art von Helfern entwickelt auch keine Parallelmacht zum Politiker, wie es beim Spin-Doctor der Fall sein kann. Unter Umständen können jedoch Imagearbeit und Medientraining allein das Gefühl der Politikerin erzeugen oder gar verstärken, nicht mehr sie selbst sein zu dürfen oder vornehmlich von außen gesteuert zu werden. Es stellen sich damit Fragen wie: Kann der Politiker, kann die Politikerin überhaupt noch authentisch sein? Und inwieweit besteht der Wunsch, authentisch zu sein – angesichts der womöglich widersprüchlichen Anforderungen von außen und dem eigenen Inneren?

Was bedeutet die Authentizität für den Politiker selbst und was bedeutet sie für die Bürger? Ihm, dem Bürger und Wähler, drängt sich der Verdacht von Oberflächlichkeit auf, wenn mehr über das Aussehen und Privatleben eines Politikers in der Presse zu lesen ist als davon, was er für die Menschen tut. Der Glaubwürdigkeit von Politikern und Politik hilft es nicht. Einige dieser Phänomene beschreibt die Schweizer Politologin und Philosophin Regula Stämpfli in ihrem Buch mit dem anschaulichen Titel »Die Macht des richtigen Friseurs – über Bilder, Medien und Frauen«.[4]

Coaching für Politiker

Um politische Beratung *inhaltlicher* Art geht es hier jedoch nicht. Ein Coach ist vermutlich die einzige Person, die Ihnen weder Vorgaben macht noch irgendwelche Forderungen an Sie stellt – abgesehen einmal vom Honorar für diese Dienstleistung.

In Ihrer Position als Politiker sind Sie – wie auch Menschen in anderen Führungspositionen – meist auf sich gestellt mit Ihren Entscheidungen. Nutzen Sie Ihren Coach, um Ihre Gedanken, anstehenden Entscheidungen und Ideen, oder auch Ihre Außenwirkung und Ihren Einfluss zu spiegeln! Die endgültige Entscheidung treffen Sie selbst. Aber wie einer meiner Klienten meinte: Es helfe ihm, diese vorab im Coaching-Gespräch zu überprüfen, von allen Seiten zu durchleuchten und dadurch die eigene Sicherheit zu stärken.

Dies wird besonders relevant, wenn Ihnen Entscheidungen abverlangt werden, bei denen miteinander in Konflikt stehende Interessen betroffen sind. Der Coach unterstützt Sie, Ihre Entscheidung so zu treffen, dass Sie dafür einstehen können.

Als professionelle Ansprechpartnerin Ihres Vertrauens können Sie mit dem Coach über Aspekte reden, die Sie als persönliche Schwächen wahrnehmen. Er oder sie wird Ihnen helfen, hiermit besser umzugehen, und vielleicht stellt sich heraus, dass hinter Ihrer »Schwäche« eine ganz persönliche Stärke steckt?

Coaching erlaubt Ihnen also in einer komplexen Situation, optimal Ihren »Job« als zentraler Entscheidungsträger zu machen. Der Coach unterstützt und ermutigt Sie, der Politiker zu werden, der Sie sein möchten.

Anders als die beschriebenen inhaltlichen und nichtinhaltlichen Beratungsformen wird der Coach Ihnen keine Empfehlungen geben, was Sie zu sagen oder wie Sie sich zu verhalten, auszusehen oder zu reden haben. Er bietet Ihnen vielmehr regelmäßig eine »Auszeit« an, um sich aus dem Hamsterrad des Getriebenseins von Terminen, Fristen, Druck und Leistungen herauszuziehen. Im Coaching können alternative Sichtweisen und Denkmodelle ausprobiert oder neue Empfindungswelten beschritten werden. Nutzen Sie diese Auszeit zur Reflexion über Ihr Tun, Ihr Denken, Ihre Ziele und Ihre Interaktionen in den verschiedenen Feldern Ihrer Tätigkeit. Erlauben Sie sich diese Pausen zum Entwickeln längfristiger Perspektiven oder zum Einüben neuer Verhaltensweisen, aber auch zu Ihrer persönlichen Regeneration. Sie können auf diese Weise Ihre Ideen, Ihr Handeln und Ihr Leben zwischen politischem Amt und Privatleben optimieren und sich dabei selbst weiterentwickeln.

Hierbei werden keine schnellen Standardlösungen angeboten, sondern der Coach geht ganz individuell auf Sie, Ihre Ideen, Anliegen, Belange und Ziele ein. Er oder sie unterstützt Sie, Ihr Vertrauen in sich selbst und Ihre Arbeit zu stärken und damit auch die Gewissheit, trotz Komplexität nachhaltig entscheiden zu können, statt sich fremdgesteuert zu fühlen.

Überall ist Komplexität: Die Europa-Parlamentarier als Paradebeispiel

Schon ein kurzer erster Blick auf die Arbeits- und Lebenssituation von Europa-Abgeordneten macht deutlich, wie komplex die Lage von Politikern sein kann. Alle möglichen Ansprüche werden von verschiedensten Seiten an sie gestellt; und so kann man sich ganz schnell im sprichwörtlichen Hamsterrad wiederfinden.

Im Mai 2004 wurde die Europäische Union von 15 auf 25 Mitgliedsländer erweitert; im Januar 2007 kamen mit Rumänien und Bulgarien zwei weitere Länder hinzu. Die Anzahl der Abgeordneten beträgt 750.[5]

Die Europäische Wirtschaftsgemeinschaft beziehungsweise seit 1993 die Europäische Union hatte auch vorher mehrere Erweiterungsrunden erlebt.[6] Die ungewöhnliche neue Dimension der letzten zwei Erweiterungsrunden ergibt sich daraus, dass nie zuvor zeitgleich 10 Länder aufgenommen wurden und dass zahlreiche dieser Länder 15 Jahre zuvor politische Blockgegner waren. Sie weisen oft noch heute eine von westeuropäischen politischen Gepflogenheiten abweichende politische Kultur auf.

Für die Abgeordneten des Europäischen Parlaments ergibt sich deshalb nach Erweiterungsrunden, aber auch nach jeder Europawahl die Notwendigkeit einer ausgesprochen hohen Anpassungsfähigkeit an immer wieder neue Menschen aus anderen Ländern. Alle bringen andere Sichtweisen und Meinungen ein. Die aus Osteuropa hinzukommenden Europa-Abgeordneten sind gefordert, sich in eine bereits eingespielte »Mannschaft« westeuropäischen Stils, die häufig als überlegen an Erfahrungen und von politischer und wirtschaftlicher Dominanz wahrgenommen wird, einzupassen, die eigenen Vorstellungen einzubringen und dabei die EU-Institutionen, aber auch die gesamte Union neu zu prägen.

Die »Neuen« sind zudem damit konfrontiert zu lernen, wie das komplexe System der Zusammenarbeit der europäischen Institutionen funktioniert, und gleichzeitig müssen sie sich von Anfang an am politischen Prozess beteiligen.

Im Europäischen Parlament sind derzeit etwa 240 verschiedene nationale Parteien aus den 27 Mitgliedsländern vertreten, die hier auf sieben verschiedene Fraktionen und eine Gruppe fraktionsloser Abgeordneter aufgeteilt sind. Die politische Spannbreite dabei ist enorm. Sie führt zu einem äußerst heterogenen politischen Stimmungs- und Verhaltensbild im Plenum des Europäischen Parlaments. Die Stimmungen in den Bevölkerungen einerseits und an den politischen Spitzen andererseits erfordern von den Abgeordneten zudem ein Lavieren zwischen europafreundlichen und europafeindlichen Strömungen.

Für alle Abgeordneten gilt darüber hinaus, dass sie nicht nur mit Menschen aus unterschiedlichen Parteien und europäischen Ländern mit 23 verschiedenen Sprachen zusammenarbeiten, sondern diese Menschen auch noch aus unterschiedlichsten Altersgruppen (das jüngste Mitglied des Europäischen Parlaments ist zur Zeit 26 Jahre, das älteste Mitglied 82 Jahre alt), Bildungsniveaus und Berufsfeldern kommen (etwa von der Medizinisch-technischen Assistentin oder dem Polizisten bis zum international renommierten Hochschulprofessor, dem ehemaligen EU-Kommissar, dem ehemaligen Regierungschef oder der ehemaligen Ministerin). Sie unterscheiden sich auch erheblich im Grad ihrer politischen bzw. internationalen Vorerfahrungen.

Was die Unterstützung für ihre Arbeit anbetrifft, so haben Europa-Abgeordnete – neben der Zuarbeit durch die Parlamentsverwaltung und die Fraktionsmitarbeiter-Stäbe – Anspruch auf persönliche Mitarbeiter. Somit werden ihnen auf dieser Ebene gute Management- und Führungsqualitäten abverlangt, wenn sie exzellente Zuarbeit wünschen; Qualitäten, die sie nicht alle automatisch aus vorherigen Erfahrungen mitbringen. Das hohe Arbeitstempo und Stressniveau führen oft zu Spannungen zwischen Politikern und ihren Assistenten, was durch die persönliche Nähe der Zusammenarbeit (ein gemeinsam geteiltes Büro in Straßburg, enge Büroverhältnisse in Brüssel) oft noch akzentuiert wird.

Die Arbeitsweise aller Europa-Abgeordneten ist geprägt von kurzen, im EU-Vertrag vorgegebenen Fristen für die Gesetzgebungstätigkeit bei wachsendem Arbeitsanfall. Dieses führt wiederum zu einem steigenden Zeitdruck. Hinzu kommt die Berufsausübung über drei verschiedene Länder[7] sowie zahlreiche zusätzliche berufsbedingte Reisetätigkeiten.

Plenartage zeichnen sich dadurch aus, dass sie häufig um 10.00 Uhr morgens beginnen und bis Mitternacht andauern. Auch wenn diese Nachtsitzungen nicht immer jeden betreffen, stellen die langen Arbeitszeiten mit spätem Abendessen und Übernachtung im Hotel besondere Belastungen dar. Ähnlich lange, oft aber auch längere Sitzungen müssen Abgeordnete zusätzlich bestreiten, wenn sie Gesetzgebungsakte mit dem Rat der Europäischen Union verhandeln.[8]

Die Arbeit in Brüssel bzw. Straßburg unterscheidet sich für die Abgeordneten häufig erheblich von der in ihrem Wahlkreis, wo sie direkt mit den Anfragen und Erwartungen ihrer Wähler konfrontiert werden. Eine Abgeordnete bezeichnete diese Situation als ihre »zwei Leben«. Wer erfolgreich sein will, muss auf allen Ebenen gut kommunizieren können: sowohl im direkten Kontakt mit Bürgern als auch im EU-Kontext, wo Gespräche mit prominenten Persönlichkeiten gang und gäbe sind.

Mit dem am 1. Dezember 2009 in Kraft getretenen neuen Vertrag von Lissabon steigt die Verantwortung der Europa-Abgeordneten weiter. Der Vertrag räumt dem Parlament nämlich zusätzliche Kompetenzen und Aufgaben ein.

Die Europa-Abgeordneten müssen ihre Entscheidungen treffen, ohne eine umfassende Einsicht in und Kenntnis der nationalen (partei)politischen Gegebenheiten und Befindlichkeiten aller 27 Mitgliedsländer zu haben oder auch haben zu können. Dies stellt einen Unsicherheitsfaktor dar, der so auf nationaler Ebene nicht existiert.

Im Rahmen der Fraktionssitzungen der einzelnen politischen Familien im Europäischen Parlament laufen allerdings alle Informationsstränge aus den verschiedenen Mitgliedsländern zusammen. Es ist immer wieder erstaunlich mitzuerleben, wie durch die Redebeiträge der Parlamentarier innerhalb kürzester Zeit ein europäisches Gesamtbild der aktuellen, etwa sozialen, umweltpolitischen oder sonstigen Situation, verteilt auf die einzelnen Länder, gemalt wird. Um Einzelheiten schnell zu erfahren, tauscht man sich also am besten mit anderen Kollegen aus. Das setzt Fremdsprachenkenntnisse voraus.

Die Abgeordneten sind in dieses hochkomplexe Amt nur für fünf Jahre gewählt. Die Bürger wählen anlässlich der Europawahlen Parteien und keine Einzelpersonen. Für den einzelnen Europa-Abgeordneten hat das den Nachteil, dass es zum allgemein geringen Bekanntheitsgrad seiner Person beiträgt. Er mag dann noch so fleißig sein, der Wähler wird es möglicherweise nicht erfahren. Der Vorteil ist, dass die Abgeordneten als Fraktionsmitglieder einer europäischen Partei für die fünf Jahre ihres Mandats einen Spielraum zur Gestaltung ihrer parlamentarischen Arbeit erhalten.

Im Rahmen ihrer Fraktions- und Parteipolitik können sie entscheiden, in welchem Grad sie sich auf welcher Ebene (europäische versus nationale) engagieren möchten, um im Falle einer Nicht-Wiederwahl frühzeitig Maßnahmen für eigene berufliche Alternativen einzuleiten.

Vor diesem Gesamthintergrund ergibt sich, dass Politiker vor spezifischen Herausforderungen in der Politik, im zwischenmenschlichen Bereich, im sprachlichen und im Arbeitsbereich, im privaten Umfeld (häufige Absenzen) und in der Karriereplanung stehen. Es ist nicht nur ein hohes psychisches, sondern auch ein hohes physisches Konditionsniveau erforderlich, um diesen Anforderungen gerecht zu werden.

Das Europäische Parlament bietet seinen Abgeordneten Fortbildungen ausschließlich im Fremdsprachenerwerb und im IT-Bereich an. Die politischen Fraktionen organisieren darüber hinaus zahlreiche politische Seminare und Veranstaltungen. Coaching scheint bei den Abgeordneten weitgehend unbekannt zu sein, wie Umfragen gespiegelt haben. Wer die Dienste eines Coaches nutzt, tut dies in privater Mission. Insgesamt ist Coaching in der Politik weit weniger verbreitet als im unternehmerischen privatwirtschaftlichen Bereich, wo diese Art von individueller Begleitung und Unterstützung seit vielen Jahren nicht mehr wegzudenken ist.

Politiker sind also in ihrer Arbeits- und Persönlichkeitsentwicklung weitgehend auf sich selbst gestellt. Während in der Privatwirtschaft meist der Arbeitgeber das Coaching für seine Führungskräfte anregt beziehungsweise auf Vorschlag hierfür offen ist und diese Dienstleistung zahlt, gibt es in der Politik keine solche übergeordnete Instanz.

Mein Ziel ist es, diese Form der persönlichen Unterstützung in der Politik zu verbreiten. In einem Feld, wo Menschen mit hochkomplexen beruflichen Herausforderungen international tätig sind, im Europäischen Parlament, habe ich hiermit begonnen.

Anmerkungen

1 Jeremy Rifkin, Gründer und Vorsitzender der Foundation on Economic Trends in Washington, ist Berater für die Europäische Union und verschiedener Regierungen.

2 Wenn nicht ausdrücklich gekennzeichnet, wurden alle Namen und Identitäten in diesem Text geändert.

3 Umfassende Informationen über die Entwicklung des Begriffs der Nachhaltigkeit (über die Studie an den Club of Rome »Die Grenzen des Wachstums«, 1972; den Brundtland-Bericht, 1987; Agenda 21 und die Millenniumsziele der Vereinten Nationen oder die EU-Nachhaltigkeitsstrategie) sowie über die Nachhaltigkeit selbst finden sich im Lexikon der Nachhaltigkeit: www.nachhaltigkeit.info

4 Stämpfli (2007).

5 Die Europa-Wahlen 2009 fanden auf Grundlage des sogenannten Vertrages von Nizza statt. Das bedeutet, die Anzahl der ins Parlament gewählten Abgeordneten betrug 736, stieg aber wegen der letzten zwei Erweiterungsrunden der EU vorübergehend auf 785. Die neuen Vertragsgrundlagen der EU, der Vertrag von Lissabon, begrenzt die Gesamtzahl der Parlamentarier auf 750.

6 Von den ursprünglich seit 1957 sechs Ländern, nämlich Deutschland, Italien, Frankreich und Benelux, wurde die EWG 1973 auf neun, nämlich um das Vereinigte Königreich, Dänemark und Irland, erweitert. 1981 kamen Griechenland und 1986 Spanien und Portugal hinzu. 1995 wurden Schweden, Finnland und Österreich in die Gemeinschaft aufgenommen.

7 Die Europa-Abgeordneten arbeiten von ihrem Heimatland aus sowie in den zwei Sitzen des Europäischen Parlaments, Brüssel und Straßburg. In Luxemburg befinden sich lediglich Verwaltungsteile des EP. In Brüssel finden die Sitzungen der politischen Ausschüsse und der politischen Fraktionen statt. Beide Ebenen bereiten die Plenarsitzungen vor, die sowohl eine Woche pro Monat in Straßburg abgehalten werden als auch seit dem Jahr 2000 zusätzlich einmal im Monat in Brüssel.

8 Der Europäische Rat, das Gremium der Regierungschefs aller EU-Mitgliedsländer, und das Europäische Parlament bilden gemeinsam die zwei gesetzgebenden Kammern der Europäischen Union. Der Rat der Europäischen Union besteht demgegenüber aus den jeweils zuständigen Fachministern.

Eine Legislaturperiode für Ihre Ausstrahlung und für die Nachhaltigkeit in der Politik

In den folgenden Kapiteln möchte ich mit Ihnen Ideen entwickeln, wie Sie sich vom Neuling in Ihrem politischen Amt zu einer (internationalen) glaubwürdigen, charismatischen politischen Führungskraft entwickeln können.

Wenn Sie bereits ein erfahrener Politiker oder eine erfahrene Politikerin sind, haben Sie die Möglichkeit, mit diesem Buch mehr über sich selbst und Ihr (politisches) Vorgehen zu erfahren. Wenn Sie möchten, können Sie Ihr Mandat einmal anders beginnen und gestalten als sonst, um Ihre Ziele und Ihre Politik weiter zu optimieren.

Ich werde mit Ihnen Möglichkeiten erörtern, Ihre Politik proaktiv statt reaktiv zu gestalten. Es wird darum gehen, wie Sie Visionen für eine wirkungsvolle Politik entwickeln und Ihre politischen Ziele nach den Bedürfnissen der Bürger und gleichzeitig nach Ihren eigenen Werten und Ideen ausrichten können.

Virtuell werde ich dabei mit Ihnen eine ganze Legislaturperiode durchlaufen; denn dieser Rhythmus bestimmt das politische Leben.

In jedem der folgenden Kapitel wird zunächst illustriert, worum es geht. Daran schließt sich ein Blick auf die entsprechende Situation im Europa-Parlament an. Verschiedene Übungen oder auch Denkanstöße sollen Ihnen helfen, sich selbst und Ihre Anliegen in Ihrer eigenen Situation weiterzuentwickeln, und zwar so, wie es Ihnen entspricht.

Ein kurzer Exkurs mit Blick auf die spezifische Sprache in der Politik soll Sie anregen zu überlegen, wie hilfreich oder nicht diese Sprache für Ihre eigenen Ziele ist. Ein Ausblick auf die weitere Entwicklung von Coaching in der Politik wird das Buch abrunden.

Werte und Führungsqualitäten erfolgreicher Politiker

Beispiel: Barack Obama

Ein Beispiel für ein weltweit beeindruckendes positives Ereignis war die Wahl des US-Präsidenten Barack Obama im November 2008. Beeindruckend und positiv war diese Wahl deshalb, weil sie es vermochte, Menschen überall auf der Welt zu verbinden in ihrer Freude über diesen demokratisch gewählten Kandidaten.

Die Wahlen von US-Präsidenten werden zwar immer weltweit verfolgt, aber selten kamen einer Person aus den unterschiedlichsten Teilen der Welt so viele Sympathien und Hoffnungen auf sie persönlich in ihrem Amt entgegen.

Woran liegt es, dass ein einziger Mensch so viel positive Resonanz erzeugen kann? Viele Menschen hat Obama allein dadurch begeistert, dass er in seiner Person gleich mehrere Kulturen verkörpert. Ein Präsident mit seiner Hautfarbe mag vielen Menschen, die seit Generationen Diskriminierungen aus diesem Grund erleben, ein Hoffnungszeichen sein: »Einer von uns schafft es ins höchste Amt und tut jetzt etwas für uns.« Sein zweiter Vorname »Hussein« stammt aus dem Arabischen.[1] Mit diesem weiteren persönlichen Aspekt scheint er auch die arabische Welt förmlich in seiner Person willkommen zu heißen und mit einem integrativen Ansatz zu umspannen.

Von Anfang an signalisierte Obama in alle Welt seine Offenheit und allgemeine Verhandlungsbereitschaft. Er kündigte eine Außenpolitik der verstärkten Zusammenarbeit mit internationalen Organisationen, den europäischen Bündnispartnern und anderen Teilen der Welt an. Damit zeigt er sich als Politiker des Ausgleichs und der Integration in einer zusammenwachsenden Welt.

Der vielleicht wichtigste Faktor, der den US-Präsidenten so glaubwürdig macht, ist seine Authentizität! Selbst politische Gegner sprechen ihm dieses Attribut nicht ab. Obwohl er bei seiner Wahl der Welt noch nichts von seinen Fähigkeiten bewiesen und noch dazu die internationale politische Bühne als relativ unbekannter »Newcomer« gerade erst betreten hatte: Diesem Politiker glaubt man! Das schafft Vertrauen! Ein Wunschtraum eines jeden Vollblutpolitikers! Wie das gehen kann, schauen wir uns in den folgenden Kapiteln an.

Worum es geht

Vielleicht fragen Sie sich: Wie soll das denn möglich sein? Wie soll ich denn authentisch und ganz ich selbst sein können und dabei noch in der Politik, wo man es überall mit Gegnern zu tun hat, erfolgreich sein? Dieses scheinbar widersprüchliche Phänomen nennen Samuel House und Anne Fifield, zwei amerikanische Coaches, das »Macht-Paradox«.[2]

Gemeint ist damit zum einen, dass wir entspannter sind, wenn wir uns erlauben, ganz wir selbst zu sein. Diese Entspannung verhilft uns und unserem Gehirn zu mehr Flexibilität und einem wesentlich größeren Reaktionsspielraum als eine verspannte »Hab-acht-Haltung«. Uns steht eine wesentlich größere Palette an möglichen Reaktionen und Aktionen zur Verfügung als im verspannten Zustand. Eine enorme Hilfe bei politischen Entscheidungen oder anlässlich öffentlicher Auftritte!

Zum anderen wirkt Authentizität wesentlich inspirierender und überzeugender als irgendeine mögliche Maske. Wenn Sie Sie selbst sind, erlauben Sie den Menschen, sich Ihnen verbunden zu fühlen, weil sie sich in Ihnen wiedererkennen. Entwickeln Sie Ihre Authentizität und schauen Sie, wie leicht Sie auf Menschen einwirken können! Bekannt und einflussreich zu sein, steht nicht im Widerspruch zu unserer persönlichen Authentizität.

In diesem Kapitel wird es also um Authentizität und Glaubwürdigkeit des Politikers und der Politikerin gehen und um ihre damit verbundenen Werte und Führungsqualitäten. Es geht aber auch darum, wie der Alltag, vor allem zu Beginn einer Legislaturperiode, den Politiker von diesen Reflexionen über sich selbst und seine Politik ablenken kann.

Nicht jeder Mensch, der in die Politik geht oder aber als Politiker einen Parlamentssitz erhält, bringt automatisch Glaubwürdigkeit und Charisma mit sich. Das Schöne ist: Die Politikerin und der Politiker können diese Ausstrahlung entwickeln; man wird nicht unbedingt damit geboren.

Was machen Authentizität und Charisma aus? Hierzu gehört die Fähigkeit, seine tiefsten innersten Werte von seinen Überzeugungen unterscheiden zu können, den Werten treu zu bleiben und dabei bereit zu sein, die Überzeugungen neuen Erkenntnissen anzupassen und zu verändern. Ebenso die Bereitschaft, neue Erkenntnisse überhaupt gewinnen zu wollen, anderen Menschen zuzuhören und ihre Meinungen ernst zu nehmen. Der Mut, für seine innersten Werte einzustehen und sie zu verteidigen. Es bedeutet auch, sich Zeit zu nehmen für seine innere Stimme und ihr zu folgen.

Entsprechend gehört hierzu, sich seine Berater sorgfältig auszuwählen. Der authentische Politiker formuliert seine Ziele auf der Grundlage seiner Werte. Es gelingt ihm, andere für seine sinngeprägten Ziele zu gewinnen. Zu seinem Leben gehören lebenslanges Lernen und persönliches Wachstum, und er entwickelt sich zu einer Persönlichkeit, die andere inspiriert.

Wird man neu ins Amt beziehungsweise ins Parlament gewählt, muss man sich erst einmal zurechtfinden und mit den Gebäuden, dem Sitzungskalender, den Prozessen und den zuständigen Menschen vertraut machen. Viel Zeit kann hierdurch verloren gehen. Die anfängliche Begeisterung und Motivation läuft Gefahr, sich vorzeitig abzunutzen im Wirrwarr der Gänge, der zahlreichen bürokratischen Einschreibungsformalitäten, dem Einrichten der Büros und vielem anderen mehr – und dabei haben wir noch nicht von der eigentlichen politischen Arbeit gesprochen.

Andererseits kann bei dem einen oder der anderen hinzukommen, dass der Wahlkampf Spuren hinterlassen hat und der für eine neue Herausforderung erforderliche Schwung deshalb zu Beginn zu wünschen übrig lässt. Der »Kampf« bezieht sich für viele nämlich nicht nur darauf, die Bürger von ihrer Position zu überzeugen, sondern sie müssen auch über lange Strecken die Unsicherheit ertragen, ob sie überhaupt von ihrer eigenen Partei einen guten Listenplatz zugewiesen bekommen, der ihnen den Weg ins Amt oder Parlament ebnet, ob sie überhaupt wiedergewählt werden oder ob andere Kandidaten ihnen diesen Platz streitig machen. Hierbei kann es immer wieder zu Erlebnissen kommen, die das Vertrauen selbst in die Parteifreunde verletzen, zu Enttäuschungen und vor allem zur lange offenbleibenden Frage, wie es beruflich und existenziell weitergehen soll.

Die persönliche Vorgeschichte, all das Neue, was auf den frisch gewählten Politiker einfließt, und die zu bewältigende Informationsflut können vom Wichtigsten ablenken, nämlich von sich selbst und von der Art und Weise, wie Sie die Politik mitgestalten möchten. Die Fragen der Authentizität, Werte und Führungsqualitäten können aus den Augen verloren werden. Wenn sich bald die Hektik des politischen Alltags einstellt, macht sich auch nicht immer jeder diese Dinge bewusst. Diese Fragen werden Sie deshalb durch dieses Buch begleiten. Am Ende werde ich nochmals hierauf zurückkommen.

Im Europäischen Parlament

Authentizität, Werte und Führungsqualitäten

Möglicherweise fällt es einem Europa-Abgeordneten leichter, ein authentischer Politiker zu werden, als einem nationalen Regierungschef oder Minister. Die Parlamentarier des Europäischen Parlaments stehen nämlich in der Regel weniger im Lichte der Öffentlichkeit und sind somit weniger als ihre nationalen Kollegen in politischen Führungspositionen der Pressebeobachtung jeder ihrer privaten und politischen Bewegungen ausgesetzt. Für manchen mag gerade dieser Aspekt hilfreich sein, ohne Angst seinen ganz persönlichen Stil zu entwickeln.

Was die Grundhaltungen und Werte anbetrifft, so sind sie im Europäischen Parlament schon deshalb von Belang, weil hier etwa 240 verschiedene politische Parteien aus den 27 Mitgliedsländern zusammenarbeiten.

Heftig debattiert werden immer wieder Berichte, die sich mit den Grundrechten in der Europäischen Union und in der Welt befassen, weil hier die Wertvorstellungen aller aufeinanderprallen. Als die Charta der Grundrechte der Europäischen Union im Europäischen Parlament bearbeitet wurde, gab es wohl kaum einen Abgeordneten, der nicht in irgendeiner Weise hieran mitgearbeitet hätte; abstimmen darüber mussten sie schließlich alle.

Aus meinen nichtrepräsentativen Interviews ergab sich, dass vielen Parlamentariern ihre Begeisterung und Überzeugung für Europa als Motivator und Schlüssel zum Erfolg dienen. Werte sind somit Bestandteil des politischen Lebens.

Auf der anderen Seite scheint nicht jeder Parlamentarier die jeweils verteidigten Grund- bzw. Werthaltungen immer auf alle Menschen zu beziehen: So mag der eine Abgeordnete, der sich mit ganzer Kraft für die Menschenrechte einsetzt, seine Mitmenschen nicht immer dementsprechend behandeln. Oder jemand, der immer wieder öffentlich gegen die EU polemisiert oder für deren Abschaffung plädiert, bleibt dennoch jahrelang in seinem Amt als Europa-Abgeordneter und nutzt all die damit verbundenen Privilegien für sich aus.

Insgesamt wird angesichts des hohen Arbeitsanfalls im Parlament die Arbeit an sich selbst, an der eigenen Persönlichkeit, seinen innersten Grundhaltungen, den zwischenmenschlichen Fähigkeiten des wertschätzenden Umgangs miteinander nachrangig behandelt. Dies ist umso erstaunlicher, als das Parlament nur von den Menschen lebt. Es produziert eben keine Waren oder handelt mit irgendwelchen Materialien. Das Wichtigste sind ganz allein die Menschen und ihre Kommunikation.

Wichtiger für eine verantwortungsbewusste Grundhaltung und die entsprechenden Fähigkeiten dazu ist jedoch die Tatsache, dass die Aktivitäten der Europa-Abgeordneten und ihre Entscheidungen Auswirkungen auf Millionen von Menschen innerhalb und außerhalb der Union haben, auf Folgegenerationen; insgesamt auf die Welt und ihre Globalisierung.

Anfängliche Ablenkungen

Zu Beginn ihrer Amtszeit werden die Abgeordneten des Europäischen Parlaments von verschiedenen Seiten mit Informationen förmlich bombardiert. Der Anspruch, sich in den Strukturen zurechtzufinden, obwohl man jeweils nur ein paar Tage anwesend ist (weil man zwischen Brüssel, Straßburg und dem Heimatort ständig hin- und herpendelt), die Informationsverarbeitung, das Erlernen, was überhaupt von einem erwartet wird und wie dies umzusetzen ist, die Fremdsprachen sowie das Bewältigen einer Flut von administrativen Verfahren, denen neue Parlamentarier ausgesetzt sind, können (nicht nur entmutigen, sondern auch) von den Fragen nach den eigenen Zielen und den nächsten Schritten ablenken.

Im Europäischen Parlament sind die »Neuen« direkte Kollegen von vielen langjährig tätigen, erfahrenen und erfolgreichen Abgeordneten, denen sie sich möglicherweise unterlegen fühlen.

In dieser Situation des Suchens und Sichorientierens an die eigene Glaubwürdigkeit und Authentizität zu denken, liegt den Neuen möglicherweise fern. Zudem hat so manch einer den »Kampf« auf nationaler Ebene und gegebenenfalls erlebte Feindseligkeiten noch in lebhafter Erinnerung.

Orientierungsphase: Hilfe von erfahrenen Kollegen?

Viele erfahrene Europa-Parlamentarier erzählen, sie hätten zu Beginn ihrer ersten Legislaturperiode mindestens sechs Monate benötigt, um sich zurechtzufinden. Erst danach konnten sie mit der eigentlichen Arbeit anfangen. In Anbetracht einer nur fünfjährigen Amtszeit ist das ein Verlust von mindestens zehn Prozent.

Da die Politik ein Umfeld des Wettbewerbs ist, mag der neue Politiker womöglich kein Interesse daran haben, sich am Arbeitsplatz jemanden zu suchen, dem er sich anvertrauen oder den er um Rat fragen könnte. Dies gilt insbesondere für jemanden, der gerade harte Konkurrenzkämpfe auf nationaler Ebene einigermaßen glimpflich überstanden hat. Die Parlamentarier desselben Landes und derselben Muttersprache können Konkurrenten für die nächsten Wahlen sein, auch wenn man sich untereinander anfreundet. Schwächen einzugestehen, halten viele nicht für angebracht.

Es bietet sich auf europäischer Ebene womöglich eher an, sich mit Abgeordneten anderer Länder auszutauschen und sich gegenseitig weiterzuhelfen. Diese werden nicht mit einem um Listenplätze für die Wahlen konkurrieren, denn die Listen werden national aufgestellt. Andererseits befinden sie sich in derselben Situation als Abgeordnete im Europäischen Parlament. Allerdings setzt dies voraus, dass man eine Sprache teilt, in der man miteinander kommunizieren kann.

Die neuen Abgeordneten kommen häufig direkt aus dem nationalen in ein internationales Umfeld. Nicht jeder fühlt sich immer so offen, gleich auf Menschen anderer Länder zuzugehen. Mancher umgibt sich – zumindest anfangs – lieber mit den Menschen der vertrauten Sprache und Kultur, also der eigentlichen »Konkurrenz«.

Mit seinen vielen verschiedenen Menschen und durch die alle fünf Jahre stattfindenden Europawahlen wandelt sich das Europäische Parlament ständig und erfindet sich immer wieder neu. Die Menschen bringen ihre eigenen Kulturen und Erfahrungen in den politischen Prozess und in die Arbeitsweisen mit ein, was nicht immer einfach ist. Um gut zusammenzuarbeiten, muss man sich aneinander gewöhnen, und es muss Vertrauen aufgebaut werden.

Das Aufeinandertreffen der verschiedensten Kulturen ist äußerst spannend. Und viele Europa-Abgeordnete kommen gerade deswegen hierher. Es trägt aber dazu bei, dass der Zurechtfindungsprozess des Einzelnen sich noch komplexer gestaltet als in einem homogeneren nationalen Umfeld.

Übung: Konzentrieren Sie sich auf sich selbst[3]

Hier geht es um Ihre Grundwerte und Motivationen und damit um Ihre Authentizität. Unsere Grundwerte erwachsen aus unserem innersten Kern. Sie verknüpfen uns mit unserer tiefsten mitmenschlichen Verbundenheit und sind deshalb positive Werte. Sich diese bewusst zu machen, hilft Ihnen, sich auch in turbulenten oder kritischen Zeiten immer wieder auf sie zu besinnen. Sie können Ihnen somit immer wieder als Maßstab für Ihr politisches Planen, Reden und Handeln dienen. Wenn Ihnen das gelingt, werden die Menschen Ihnen Vertrauen entgegenbringen, denn Sie wirken authentisch!

In der Situation als »neuer« Politiker gönnen Sie sich regelmäßige Verschnaufpausen zum Durchatmen und Reflektieren. Nehmen Sie sich zunächst eine Stunde Zeit zum Überlegen. Achten Sie dabei auf ein ruhiges und beruhigendes Umfeld. Beginnen Sie mit den Fragen zu Ihren Grundwerten:

→ Was ist mir so wichtig, dass es mir für die kommenden Jahre als Maßstab dienen soll?

→ Welcher Politiker (aus der Vergangenheit oder Gegenwart) könnte mir als Beispiel dienen, weil ich ihn oder sie bewundere oder er beziehungsweise sie mich inspiriert?

→ Welches sind die Qualitäten, die ich an ihm oder ihr ganz besonders schätze?

→ Wie ging diese Person mit schwierigen Situationen um?

→ Welche durchgängigen Werte leiten die Handlungen dieses Vorbildes? Welche davon teile ich?

Erforschen Sie Ihre Motivationen:

→ Was war mein Antrieb, in dieses politische Amt zu kommen?

→ Was sind meine tiefsten Beweggründe, Politik mitzugestalten?

→ Welches sind meine Grundwerte, die meine politische Arbeit bestimmen sollen?

→ Welche Werte würde ich selbst mit starkem Herzklopfen vor führenden Staatsmännern dieser Welt verteidigen?

→ Was sind meine politischen Vorstellungen für unsere Gesellschaften?

→ Von was für einer idealen Welt träume ich?

→ Wenn mich in fünf oder zehn Jahren ein Journalist einer führenden Zeitung befragt, was meine größten Visionen zu Beginn meiner Amtszeit waren, was würde ich ihm antworten?

Nehmen Sie sich für diese Übung Zeit und erlauben Sie sich zu träumen! Es ist ja nur für eine kurze Zeit!

Diese Übung hilft Ihnen, sich wieder auf das für Sie Wesentliche zu konzentrieren. Sie können sich selbst zentrieren und Ihre Motivation immer wieder neu entfachen. Auf die Erkenntnisse, die sie aus der Übung gewinnen, können Sie sich später immer wieder berufen. Deshalb mag es sinnvoll sein, sie aufzuschreiben oder ein kleines Logbuch anzulegen.

Versuchen Sie, sich einmal pro Woche zehn Minuten Zeit zu nehmen, um sich auf Ihre Grundwerte und Anliegen zu konzentrieren und sie jeweils wieder in Erinnerung zu rufen.

Würdigen Sie gegebenenfalls auch Ihre Enttäuschungen, so Sie solche im Vorfeld Ihres Amtsantritts erlebt haben. Wenn man anerkennt, dass man Schmerzen erlitten hat, kann man sich stärker auf das Neue konzentrieren. Manchen Menschen hilft in dieser Situation eine Art

Abschiedsritual. So könnten Sie beispielsweise einen Brief schreiben, in dem Sie Ihren Ärger aus sich herauslassen. Anschließend verbrennen Sie den Brief und verabschieden sich von Ihren Verletzungen. Lassen Sie Ihren Ideen hierzu freien Lauf und werfen Sie den Ballast ab. Spüren Sie dem Gefühl des inneren Friedens in sich selbst nach. Dieses Vorgehen des Vergebens und die Erfahrung Ihrer neuen Frische können Ihnen auch später immer wieder nützlich sein, sollten Sie mit kritischen Situationen konfrontiert werden.

Wieder kann Barack Obama als Beispiel dienen. Haben Sie ihm in seinen öffentlichen Auftritten jemals irgendeine Ranküne angemerkt? Und was muss er wohl alles erlebt und sich angehört haben auf seinem Weg zum ersten farbigen US-Präsidenten?

Übung: Welche Art von Politiker oder Politikerin möchten Sie sein?

Beginnen Sie frühzeitig, sich zu überlegen, welche Art von Politiker oder Politikerin Sie sein möchten. Dies ist die Frage Ihrer Ausstrahlung, Ihrer Authentizität, letztendlich Ihres Charismas. Sie wird Sie durch das ganze Buch begleiten, denn Sie können mit dieser Frage Schritt für Schritt an Ihrer persönlichen Entwicklung arbeiten. Am Ende des Buches, quasi am Ende der Legislaturperiode, werde ich auf diese wichtigen Fragen zurückkommen.

→ Woran werden Sie merken, dass Sie Ihr eigener Wunschpolitiker sind?
→ Woran merken es andere?
→ Was tun Sie, wenn Sie Ihr Wunschpolitiker sind?
→ Wie fühlen Sie sich?
→ Wie gehen Sie mit anderen Menschen um?
→ Welches Idealbild von Politiker haben Sie für sich?
→ Welche Aktivitäten sind Ihnen besonders wichtig?
→ Welche Persönlichkeitsaspekte?

Sind Sie berühmt und bekannt oder eher ein gründlicher »Arbeiter«, der auf seine eigene vielleicht weniger öffentliche Weise seinen politischen Einfluss geltend macht?

Machen Sie sich klar, was Ihnen besonders wichtig ist: Dinge bewegen, Ihr persönlicher Einfluss, die Qualität und Überzeugungskraft Ihrer inhaltlichen Arbeit, Ihr Verhandlungsgeschick, Ihre Öffentlichkeitswirksamkeit, Ihre politische beziehungsweise europäische Arbeit, Ihre nationale Rückwirkung, Ihre Wahlkreisarbeit oder was sonst noch?

Schreiben Sie sich auch hier für Ihren weiteren Weg die für Sie wichtigsten Punkte auf. Überlegen Sie sich in diesem Zusammenhang: Über welche Stärken verfügen Sie, die Sie nutzen können, um diesem Ziel näher zu kommen? Fragen Sie auch andere, Ihnen nahestehende Personen. Oft nehmen wir unsere Stärken für selbstverständlich hin und erkennen sie nicht als etwas Besonderes an. Oder umgekehrt überschätzen wir uns möglicherweise manchmal.

Ihnen vertraute Personen mögen Ihnen einen Eindruck davon vermitteln, wie Sie wirken. Vielleicht haben diese Ihnen nahestehenden Menschen auch beobachtet, dass Sie anders sind und wirken, wenn Sie mit nicht vertrauten Menschen reden. Überlegen Sie sich, was das für Sie bedeutet.

Welche Ihrer Qualitäten möchten Sie weiterentwickeln, um Ihrem Wunschpolitiker näher zu kommen? Könnte Ihr Verhandlungsgeschick optimiert werden? Möchten Sie Ihr Einfühlungsvermögen weiterentwickeln? Freier in der Öffentlichkeit reden können?

Gibt es womöglich irgendwelche Qualitäten oder Fähigkeiten, die Sie noch nicht haben, die Sie jedoch haben müssten, wenn Sie Ihr Wunschpolitiker sein möchten? Bitte überlegen Sie sich genau, was Sie gern für sich entwickeln möchten.

Wichtig ist auch zu überlegen, ob Ihnen irgendetwas im Wege steht, um Ihrem Ziel näher zu kommen. Gibt es persönliche Hemmschwellen oder störende Glaubenssätze der Vergangenheit, die zu überwinden sind, damit Sie Positives bewirken können?

Wie können Sie vorgehen, zumal wenn Sie keinen Coach haben, der Ihnen weiterhilft? Möchten Sie sich ein persönliches Entwicklungsprogramm erstellen? Wen aus Ihrem Umfeld könnten Sie um Hilfe bitten, wenn Sie dies wünschen?

Ihrer Authentizität, wie es das Beispiel Barack Obama zeigt, kommen Sie näher, wenn Sie sich immer wieder an Ihre eigenen tiefgründenden Überzeugungen und Werte erinnern und an Ihre eigenen Ideale. Wenn es Ihnen gelingt, so zu reden und zu argumentieren, dass es Ihrem Innersten entspricht. Und wenn aus Ihnen dabei noch Ihre eigene Leidenschaft spricht, wirken Sie umwerfend!

Für das Erarbeiten dieser Aufgabe dürfen Sie sich Zeit nehmen. Wichtig ist, wenn es Ihnen gelingt, sich gleich zu Beginn klar zu werden, wohin Ihr Weg gehen soll, um der Politiker zu werden, der Sie sein möchten und mit dem Sie sich voll identifizieren können.

Übung: Die Orientierungszeit verkürzen

Trotz der vielen neuen Eindrücke und der Anforderungen des Sich-Zurechtfindens ist es Ihnen gelungen, sich auf Ihre tiefsten Überzeugungen, Ihre Grundwerte, auf das, was Ihnen wirklich wichtig ist, zu konzentrieren. Außerdem haben Sie angefangen, sich klar zu machen, welche Art von Politiker oder Politikerin Sie sein möchten. Sie haben erste Ideen und Schritte entwickelt, wie Sie diesem Ziel näher kommen. Möglicherweise haben Sie einen Entwicklungsplan für sich selbst erarbeitet.

Allein hierdurch haben Sie den ersten Schritt getan, Ihre Orientierungszeit in der Anfangsphase Ihrer ersten Legislaturperiode zu verkürzen! Obwohl alles für Sie neu ist, haben Sie sich nicht ablenken lassen und sich auf das für Sie Wesentliche konzentriert, es zumindest nicht aus dem Auge verloren! Das erlaubt Ihnen, sich in der Folgezeit immer wieder darauf besinnen zu können.

Noch schneller können Sie sich einleben, wenn Sie andere Menschen einbeziehen, und lernen Sie von den Besten! Lassen Sie sich die Palette der Ihnen als Politiker zur Verfügung stehenden Instrumente von erfahrenen Mitarbeitern erarbeiten und erklären. Verlieren Sie nicht zuviel Zeit mit Technischem. Die Bürger, die Sie gewählt haben, erwarten von Ihnen Politik.

Für Ihre Ziele schauen Sie sich um: Gibt es erfolgreiche Kollegen, die schon lange in Ihrem politischen Umfeld beziehungsweise im Parlament sind und von denen Sie lernen möchten? Nehmen Sie Kontakt auf und finden Sie die Erfolgsstrategie dieser Menschen heraus. Was können Sie hieraus für sich anwenden?

Vielleicht wollen Sie jemanden aus den Reihen der langjährigen Politiker bitten, Ihnen als Mentor zur Verfügung zu stehen? So manch einer freut sich und fühlt sich geschmeichelt, diese Art von Hilfe leisten zu können. So machte es Magda, die Europa-Abgeordnete aus Polen. Sie informierte sich gleich nach ihrer Ankunft, welche der erfahrenen Parlamentarier – sowie ehemalige Abgeordnete – erfolgreich in ihrem Arbeitsgebiet, der Energiepolitik, tätig sind und waren und tauschte sich intensiv mit ihnen aus. Mit diesem Vorgehen habe sie nur positive Erfahrungen gemacht, meinte sie. Die Kollegen hätten sich über ihr Interesse gefreut. Die Folge war außerdem, dass sie bereits nach zwei Wochen in ihrem Amt zu einer internationalen Energie-Konferenz gebeten wurde, um dort als Fachexpertin aus dem Europäischen Parlament auf dem Panel aufzutreten.

Wenn es Ihnen gelingt, Ihre eigenen Beweggründe, die Sie in die Politik gebracht haben, zu verknüpfen mit einer Neugier auf die anderen, deren Tätigkeiten und das Andersartige der anderen, dann tragen Sie erheblich zu Ihrem eigenen Wohlbefinden und Ihrer Entwicklung bei. Zudem geben Sie anderen das Gefühl, respektiert zu werden – eine Grundvoraussetzung für gute Zusammenarbeit!

Fazit

Ihr ganz persönlicher Stil als Politiker wird voraussichtlich der für Sie erfolgversprechendste, auf jeden Fall aber der überzeugendste Weg in der Politik sein. Diesen Stil zu entwickeln bedeutet, sich selbst besser kennen zu lernen und zunächst einmal seine innersten Grundwerte und Beweggründe zu kennen. Geist und Herz miteinander zu verbinden bedeutet, authentisch zu werden. Diese starke Grundlage ist zugleich Quelle der eigenen Motivation als auch Maßstab Ihrer politischen Entscheidungen. Offenheit, Neugier und die Bereitschaft zu lernen, auch von den Besten, bringen Sie auf den Weg, die Politikerin oder der Politiker zu werden, die beziehungsweise der Sie sein möchten.

Die neue Legislaturperiode und meine politische Arbeit: Wie gehe ich nun vor?

Beispiele: Michele und Andrea

Michele war als Nachrücker im Verlauf der Legislaturperiode ins Europäische Parlament gekommen. Anders als die Abgeordneten, die nach den Europawahlen ihr neues Amt antreten, gab es für ihn, wie bei anderen Einzelnachrückern auch, keine allgemeinen Einführungsveranstaltungen und Informationssitzungen.

Nach fünf Monaten im Amt fühlte er sich sichtlich frustriert. Seine Rolle zwischen der nationalen und der europäischen Ebene hatte er noch nicht gefunden. Außerdem fehlte ihm der Mut, sich Kollegen anzuvertrauen. Selbst als Nachrücker hatte er in der Heimat einen Kampf, wie er es nannte, durchstehen müssen, um dieses Amt antreten zu können. Er hatte die Stelle im Ausschuss für Soziale Angelegenheiten der Vorgängerin übernommen und fühlte sich hier fachlich fremd; denn seine Expertise lag im Agrarbereich. Die mangelnde Fachkenntnis trug stark zu seinen Zweifeln bei, und er fühlte sich blockiert.

In unserer ersten Sitzung befassten wir uns mit den Veränderungen, die Michele im Vergleich zum Anfang seines neuen Mandats jetzt, nach fünf Monaten, wahrnehmen konnte. Dabei stellte er fest, dass er schon mehr Einblick in die parlamentarischen Aktivitäten gewonnen und sich bereits stärker eingebracht hatte, als ihm dies bewusst war. Michele machte sich außerdem klar, wie er die kommenden Monate gestalten wollte. Er legte eine Liste an mit Menschen, die er um Hilfe und Informationen bitten wollte. Außerdem machte er sich bewusst, welche seiner Stärken er besonders gut für welche anstehende Aufgabe einsetzen könnte.

Unser zweites Treffen begann Michele mit den Worten, dass ihm unser vorangegangenes Gespräch zum Durchbruch verholfen hätte. Nun wisse er, wie er weiter vorgehen wolle.

Anders als Michele kam Andrea gleich nach den Europawahlen 2004 ins Parlament. Damit hatte sie den Vorteil, an den allgemeinen Informationsveranstaltungen teilnehmen zu können. Darüber hinaus legte sie sich aber einen eigenen Einstiegsplan zurecht. Er beinhaltete ihre Grundwerte, ihre Ziele mit Definitionen, wie sie ihrem Land und den Wählern dienen könne, sowie Mechanismen, mit denen sie später Input und Output ihrer Aktivitäten messen können würde. Sie überlegte sich, wie sie die anstehende Legislaturperiode einteilen solle, holte sich bei anderen Rat und Hilfe und machte sich die erforderlichen Lernschritte bewusst. Mit diesem Vorgehen fühlte sie sich bereits nach kurzer Zeit zuversichtlich, ihre weitere Arbeit beherzt und gezielt angehen und entwickeln zu können.

Worum es geht

Sie kennen inzwischen Ihre »Essentials«, das heißt die Grundwerte, die Ihnen wirklich wichtig sind, und Sie haben eine Vorstellung davon, was für eine Persönlichkeit von Politiker Sie sein möchten.

Außerdem nehmen Sie sich regelmäßig etwas Zeit, um sich trotz aller Ablenkungen immer wieder hieran zu erinnern und um Ihre politischen Handlungen und Entscheidungen danach ausrichten zu können.

In diesem Kapitel geht es um den Start Ihrer politischen Arbeit. Ihnen steht – zumindest zunächst – nur eine Legislaturperiode zur Verfügung. Das ist nicht viel, und die politische Arbeit beginnt sofort. Neben den praktischen Dingen, die zu Beginn erledigt werden müssen, wie bürokratische Anmeldungen, gegebenenfalls Regelung der Wohnverhältnisse und vieles mehr, braucht man in der Regel Zeit, um sich auch mental einzugewöhnen.

Um seine politische Arbeit zielgerichtet angehen zu können, ist es hilfreich, sich gleich zu Beginn Gedanken über Ziele sowie die Aufteilung und eigene Gestaltung der anstehenden Legislaturperiode zu machen. Auch die eigenen Fachgebiete sollten in dieser Phase definiert werden.

Wer sich frühzeitig einen Überblick darüber verschafft, wie für ihn die kommenden begrenzten Jahre aussehen sollten und was er dafür benötigt, verschafft sich selbst einen Gestaltungsspielraum, auf den er aktiv Einfluss nehmen kann. Das erlaubt ihm, sich zügig seiner politischen Arbeit zu widmen.

Im Europäischen Parlament

Nach jeder Europawahl erfindet sich das Europäische Parlament wieder neu. Seit vielen Jahren ziehen nach den Wahlen jeweils etwa die Hälfte der etwa 750 Abgeordneten neu ins Parlament ein.

Für die Neuen bedeutet das fünfjährige Mandat einen neuen Lebensabschnitt in neuem Umfeld, für die meisten in einem anderen Land als dem ihren. Es sind viele bürokratische Vorgänge zu erledigen. Gleichzeitig muss man sich kundig machen, welche Sitzungen für einen relevant sind und wo diese stattfinden. Die neuen Abgeordneten wissen zudem nicht, welche Abteilungen in den Parlaments- und Fraktionsverwaltungen und welche Menschen für welche Aufgaben zuständig sind.

Neben dem arbeitsbezogenen Eingewöhnen muss Privates organisiert werden, unter anderem: Möchte man eine kleine Wohnung für die jeweils etwa drei Wochen im Monat, in denen man für drei bis vier Tage nach Brüssel kommt, oder zieht man ins Hotel? Wo richtet man sein Konto ein, welche Einkaufs- oder Sportmöglichkeiten gibt es? Wie bereits erwähnt, beziffern viele erfahrene Europa-Abgeordnete die Eingewöhnungszeit auf mindestens sechs Monate.

Was die politische Arbeit anbetrifft, so findet – neben den Tätigkeiten der Fraktionen – ein Großteil davon in den Fachausschüssen statt. Die Abgeordneten können nicht immer ihr bevorzugtes Politikfeld selbst festlegen. Vornehmlich kleine nationale Delegationen in den Fraktionen verfügen nicht über genügend Abgeordnete, um alle Fachausschüsse abdecken zu können. Sie legen ihre nationalen Themen-Prioritäten fest und einigen sich dann, wer von ihnen welche Fachausschüsse besucht, sich einarbeitet, Berichte erstellt und die Kollegen (sowie die nationale Ebene) über die Entwicklungen informiert.

Größere nationale Delegationen mögen über eine hinreichend hohe Anzahl von Parlamentariern verfügen, die sie in alle Fachausschüsse senden können, müssen sich aber dennoch intern über die Aufteilung einigen, wer welches Feld abdeckt. Aber auch diese Einigung kann später auf Fraktionsebene oder in den Folgeverhandlungen wieder infrage gestellt werden. Ziel ist nämlich, auf der gesamten parlamentarischen Ebene eine ausgewogene Aufteilung zu erreichen.

Das bedeutet, dass der Politiker nicht unbedingt beispielsweise in den von ihm gewünschten Umweltausschuss kommt, weil er doch Umweltexperte ist und dort seine beruflichen Vorkenntnisse nutzen kann. Stattdessen wird er für den Sozialausschuss vorgesehen. Diese organisatorischen Einzelheiten sind vielen Abgeordneten vor ihrem Amtsantritt nicht klar; sie können immer wieder Quelle von Enttäuschungen sein.

Was die Themen betrifft, erhalten die Abgeordneten aus ihren Wahlkreisen Anfragen zu allen möglichen die Europäische Union betreffenden Bereichen. Nicht immer sind diese Fragen beschränkt auf die Fachbereiche, die der Parlamentarier in seinen höchstens zwei Fachausschüssen abdeckt. Die Abgeordneten sind ihren Wahlkreisen verpflichtet und beantworten deshalb alle Fragen. Für die Recherchen hierzu sind meist die persönlichen Mitarbeiter, Menschen mit Hochschulabschluss, zuständig. Im Rahmen der Ausschüsse besetzen die Parlamentarier ihre Themen und werden damit zu Ansprechpartnern für ihre Fachgebiete, sowohl intern als auch extern für die Journalisten.

Die Europa-Abgeordneten müssen sich überlegen, wie sehr sie sich auf die europäische Ebene konzentrieren wollen in ihrer politischen Arbeit oder wie sie gegebenenfalls ihr Engagement aufteilen können. Wer seine politischen Kontakte in der Heimat vernachlässigt, wird dort kaum als Politiker wahrgenommen und muss befürchten, bei den nächsten Wahlen von der eigenen Partei nicht mehr auf einen günstigen Listenplatz zur Wiederwahl gestellt zu werden. Das kann selbst dann passieren, wenn der Abgeordnete eine hervorragende Arbeit geleistet hat. Der ohnehin in vielen Ländern geringe Bekanntheitsgrad der Europa-Parlamentarier bei den Bürgern leidet noch mehr, wenn man seine Arbeit überwiegend auf die europäische Ebene konzentriert. Andererseits wird man gerade hierdurch zum Europa-Experten in seinem Gebiet. Ein Vorteil, welcher der nationalen Ebene zugutekommt, den die nationalen Parteigliederungen allerdings nicht immer so sehen oder nutzen.

Wer nach der Legislaturperiode mit Europa-Expertise in seiner Heimat weiterarbeiten will, für den Fall, dass er nicht wiedergewählt wird, der kümmert sich bereits während seiner Amtszeit als

Europa-Abgeordneter um die Heimatkontakte und beliefert diese kontinuierlich mit wichtigen Informationen von der europäischen Ebene. Umgekehrt vertritt er die Interessen seiner Heimat in der Europäischen Union.

Übung: Eine Timeline erstellen

Damit Sie auf die Gestaltung Ihrer Legislaturperiode von Anfang an aktiv Einfluss nehmen können, erstellen Sie sich eine Timeline oder Zeitreihe für die Jahre Ihrer politischen Arbeit.

Versuchen Sie, sich für diese Übung Zeit zu nehmen. Sie besteht aus verschiedenen Phasen, die Sie aktiv ablaufen können. Am Ende der Übung wird Ihnen klarer sein, wie Sie vorgehen wollen, um proaktiv auf die Gestaltung der kommenden Jahre einzuwirken.

Der Zeitverlauf wird plastisch, wenn Sie ihn mit Karten auf dem Boden markieren. Beginnen Sie mit dem Punkt, wo Sie jetzt stehen. Wenn Sie neu im Amt sind, ist dies der Beginn Ihres Mandats. Am Ende der Reihe legen Sie eine Karte aus für das Ende Ihres Mandats und in der Mitte markieren Sie die Halbzeit.

Am Ende Ihrer Zeitreihe sind Sie der Politikerin oder dem Politiker, die beziehungsweise der Sie sein möchten, ein großes Stück näher gerückt oder stimmen vielleicht ganz mit ihr oder ihm überein.

Die Zukunft

Treten Sie in den Raum des Endes Ihres aktuellen Mandats ein und stellen Sie sich auf die entsprechende Karte. Blicken Sie in die Zukunft.

Vielleicht ist Ihnen schon jetzt klar, was diese Stelle für Sie bedeuten kann? Beispielsweise: Ich will unbedingt wiedergewählt werden; mein Auftrag dauert länger als diese Amtszeit. Oder wenn Sie Europa-Abgeordneter sind: Ich möchte als Fachmann mit meiner europäischen Zusatzerfahrung zurück auf die nationale Ebene – im Rahmen der Politik oder außerhalb – und der Gesellschaft meine Erfahrungen zukommen lassen.

Vielleicht reicht es Ihnen auch, sich bis dahin als Politiker weiterentwickelt zu haben, und Sie wollen sich momentan die Optionen offen halten, die sich womöglich aus Ihrer neuen politischen Tätigkeit entwickeln. Oder Sie haben bereits Visionen für die Zukunft, die über die neue Legislaturperiode hinausreichen.

Wie auch immer Ihr Leben in vier oder fünf Jahren aussehen mag, tauchen Sie hierin ein. Steigen Sie auf die Karte, die Sie für das Ende Ihres Mandats markiert haben, und blicken Sie in Richtung Zukunft. Stellen Sie sich vor, wie Sie sich am Ende der Legislatur fühlen und wie es Ihnen damit geht.

→ Was haben Sie alles erreicht?
→ Was steht jetzt für Sie an?
→ Was tun Sie?
→ Wo befinden Sie sich?
→ Mit welchen Menschen haben Sie zu tun?
→ Wie sieht die Gesellschaft aus, die Sie mitgestalten?
→ Was ist Ihre Rolle dabei?

Vielleicht tauchen Bilder vor Ihrem geistigen Auge auf? Schauen Sie genau hin und spüren Sie ihnen nach.

Welche Ihrer Ressourcen, das heißt Ihrer persönlichen Stärken und Fähigkeiten, haben Ihnen besonders geholfen, hierhin zu kommen? Schreiben Sie diese einzeln auf Karten und legen Sie sie neben der Timeline aus.

Machen Sie sich Ihre Stärken und Ihr reichhaltiges Potenzial bewusst, über das Sie jetzt schon verfügen, und genießen Sie Ihre Erfolge und die Veränderungen, zu denen Sie beigetragen haben!

Langsam zurück in die Gegenwart

Nun drehen Sie sich um und gehen Sie langsam der Gegenwart entgegen. Bleiben Sie auf der Halbzeit, also in der Mitte der Legislaturperiode, stehen.

→ Wie sieht Ihr Leben zu diesem Zeitpunkt aus?
→ Was haben Sie bis hierhin als Politiker erreicht?
→ Was tun Sie zu diesem Zeitpunkt?
→ Mit welchen Menschen haben Sie zu tun?
→ Wie fühlen Sie sich?
→ Leuchten Sie hierbei die für Sie wichtigen Einzelheiten aus. Sicher

haben Sie bis hierhin neue Kontakte geknüpft. Welche sind das für Sie?

Fragen Sie sich erneut, welche persönlichen Ressourcen Ihnen ganz besonders geholfen haben, bis hierhin zu kommen. Schreiben Sie weitere auf einzelne Karten und legen Sie diese erneut aus. Welche Lernschritte haben Sie bis hierher erfolgreich absolviert? Welche stehen noch an?

Auch wenn Sie dies später noch einmal ändern möchten, machen Sie sich Gedanken, was Ihnen während Ihres Mandats am wichtigsten ist. Ihre Grundlagen haben Sie bereits im vorangegangenen Kapitel gelegt.

Gehen Sie dann langsam Schritt für Schritt dem gegenwärtigen Zeitpunkt entgegen. Dabei können Sie weitere bestimmte Zeitpunkte für sich selbst definieren: beispielsweise, bis wann Sie Ihre erste politische Tätigkeit im Amt in Angriff genommen haben werden.

Versuchen Sie bereits jetzt, Ihre Lernschritte zu definieren, je weiter Sie gen Gegenwart schreiten: Bis wann wissen Sie, wie Ihr Arbeitsumfeld funktioniert, haben Sie einen politischen Bericht geschrieben, mehr über kulturelle Unterschiede gelernt, eventuell ein Medien- oder Sprechtraining absolviert, begonnen, eine weitere Sprache zu lernen?

Aber auch: Bis wann haben Sie Ihre private Situation geklärt – falls dies für Sie relevant ist? Wo wollen Sie wohnen, welche Infrastruktur soll Ihnen zur Verfügung stehen?

Das Hier und Jetzt

Stellen Sie sich nun auf Ihre Karte, die den aktuellen Zeitpunkt im Hier und Jetzt markiert. Schauen Sie in Richtung Zukunft und lassen Sie Ihren Spaziergang aus der Zukunft in die Gegenwart nochmals auf sich wirken.

→ Worauf können Sie aufbauen? Insbesondere auf welchen Ihrer persönlichen Stärken und Ressourcen?
→ Welche Elemente Ihrer Zukunft sind schon heute Realität?
→ Woran können Sie anknüpfen?
→ Was wollen Sie als Erstes tun?

Der Blick in die Vergangenheit

Stellen Sie sich auf die Karte, die Ihre Gegenwart markiert, und schauen Sie in Richtung Vergangenheit:

→ Was hat Sie bis hierher gebracht?

→ Welche Meilensteine der Vergangenheit haben Ihnen geholfen, dort zu stehen, wo Sie jetzt sind?

→ Von welchen wichtigen Erfahrungen aus der Vergangenheit können Sie heute profitieren?

→ Wie sind Sie in der Vergangenheit erfolgreich mit Herausforderungen umgegangen?

→ Welche Erfahrungen können Ihnen für die Zukunft nutzen?

→ Gibt es weitere Ressourcen und persönliche Stärken aus der Vergangenheit, die Sie zu Ihrer Zeitreihe legen sollten?

Praktische Zusammenschau

Wenn Sie möchten, können Sie nun noch einmal langsam aus der Gegenwart Ihre Zeitreihe bis in die Zukunft ablaufen und alles nochmals auf sich wirken lassen.

Notieren Sie alles, was Ihnen einfällt. Schreiben Sie sich dazu auch die Zeitpunkte auf, die Sie auf der Timeline für sich festgelegt haben. Heben Sie Ihre Karten auf.

Falls Sie ein visueller Mensch sind und Ihnen Bilder und Diagramme helfen, kann es nützlich sein, wenn Sie das eben Erarbeitete auf einem großen Blatt, einer Tafel oder in einem Diagramm im Computer für sich festhalten, um es sich immer wieder in Erinnerung bringen zu können.

Stellen Sie erste Überlegungen an, wen und was Sie benötigen, um Ihre Teilschritte zu erreichen.

Kostas, der gerade neu ins Parlament gewählt worden war, konnte seine Ziele als Europa-Abgeordneter noch nicht formulieren. Er müsse erst wissen, was man alles im Europäischen Parlament machen könne und welche Möglichkeiten es hier gebe, meinte er.

Wenn Sie sich mit den vorangegangenen Kapiteln beschäftigt haben, sind Ihnen Ihre Ziele bereits bekannt und bewusst. Natürlich sind in jedem politischen Kontext die »technischen« Möglichkeiten unterschiedlich. Sie werden auf kommunaler Ebene anders sein als auf nationaler oder europäischer. Ihre Ziele können hiervon aber unberührt bleiben.

Wie auch immer Sie mit der Erfahrung aus dieser Übung umgehen möchten, stellen Sie sicher, dass Sie in Zukunft Zugriff auf die von Ihnen erarbeiteten Informationen haben.

Übung: Sein Thema finden

Sie haben sich einen Überblick erarbeitet, wie Sie sich die kommende Legislaturperiode einteilen möchten. Auch wenn die Entwicklungen der vor Ihnen liegenden Jahre unbekannt sind und Sie Ihre Ziele und Ihr Vorgehen sicherlich flexibel anpassen werden wollen: Für den jetzigen Zeitpunkt haben Sie sich den Rahmen für die künftige Richtung gesteckt! Das hilft Ihnen, im hektischen Arbeitsalltag auf Linie zu bleiben.

Sollten Sie noch kein politisches Fachgebiet haben, ist es jetzt an der Zeit, dieses für sich zu definieren. Vielleicht sind Sie neugierig und können sich deshalb unterschiedliche Themen vorstellen, denen Sie sich widmen könnten?

Oder Sie haben bereits eine bestimmte Vorstellung oder bringen eine Expertise mit, die Sie gern weiterbearbeiten möchten. In diesem Falle fragen Sie sich: Gibt es ein konkretes Gremium, einen bestimmten parlamentarischen Ausschuss, dem Sie angehören möchten, wo Sie Ihre Fachkenntnisse zur Politikgestaltung einbringen und diese weiterentwickeln möchten?

Sollte dies der Fall sein: Wie könnten Sie vorgehen, um Mitglied dieses Gremiums zu werden? Auf welche Weise und über wen könnten Sie Einfluss nehmen? Mit wem müssten Sie reden?

Sollten sich Ihre Bemühungen als nicht fruchtbar erweisen, beispielsweise weil es die Gesamtaufteilung der Arbeiten in Ihrer politischen Organisation nicht zulässt, überlegen Sie sich und hören Sie sich um: Gibt es die Möglichkeit, mit jemandem zu tauschen?

Wenn auch dies nicht funktioniert, schaffen Sie sich Ihre Nische: Wo gibt es Schnittpunkte zwischen den Themen des Gremiums oder des Ausschusses, in dem Sie sich nun wiederfinden – beispielsweise Soziale Angelegenheiten –, und Ihrem eigentlichen Fach- oder Interessengebiet – etwa die Agrarpolitik? Gibt es in diesem Bereich Vorarbeiten? Falls nicht: Könnten Sie einen Schnittstellen-Bereich neu prägen und sich dadurch zu einer Fachperson hierfür entwickeln?

Um sich fundierte Expertise aneignen zu können, empfehlen erfahrene Europa-Abgeordnete, sich auf höchstens zwei bis drei Themen zu konzentrieren.

Fragen Sie sich erneut:

→ Welche Ziele verfolgen Sie?

→ Welches könnte dementsprechend Ihr spezifisches Hauptthema werden?

→ Welche ein oder zwei weiteren Bereiche möchten Sie abdecken?

→ Wie könnten Sie dafür sorgen, dass Sie das erreichen?

Übung: Ihr Mandat als Lernprozess

Ein junger Europa-Abgeordneter meinte: »Hier im Europäischen Parlament kann man so viel lernen! Mehr als an jeder Universität!« Wie Sie sich das Lernen über Prozesse, Zuständigkeiten und so weiter mit Hilfe anderer Menschen erleichtern, darum wird es im nächsten Kapitel gehen.

An dieser Stelle soll es darum gehen, wie Sie *methodisch* am leichtesten lernen. Ermitteln Sie dazu Ihren bevorzugten Lernstil.[4]

Der eher visuelle Typ: Wenn Sie mit Grafiken, Dokumenten, Bildern, Medien und Flipcharts gut zurechtkommen und gern durch Zu- oder Abschauen lernen, sind Sie möglicherweise ein visueller Typ, der durch Sehen am besten lernt. Er schaut gern fern und erinnert sich am besten, wenn er Dinge und Szenen vor seinem geistigen Auge auftauchen lässt.

Der eher auditive Typ: Sollten Ihnen eher Erklärungen, Diskussionen, Vergleiche und Strukturen beim Lernen helfen, sind Sie womöglich eher ein auditiver Typ, welcher vor allem durch Hinhören lernt. Dieser Typ mag Talkshows oder Hörbücher, um sich weiterzubilden.

Um sich Dinge zu merken, ist es für ihn hilfreich, sie nachzusprechen oder sich aufzusagen.

Der eher kinästhetische Typ: Wenn Sie die besten Lernerfahrungen in Gruppen gemacht haben, sind Sie möglicherweise ein kinästhetischer Typ. Ihm sind zwischenmenschliche Beziehungen wichtig und wie er sich jeweils in verschiedenen Kontexten fühlt. Er lernt viel durch Austausch und wiederholt Dinge oft gefühlsmäßig, um sie sich einzuprägen.

Wenn Sie eine stärkere Tendenz zu einem der Lerntypen haben, richten Sie Ihr Vorgehen danach aus: Fragen Sie nach entsprechenden Unterlagen, Charts, Skalen, Plänen, wenn Sie ein visueller Typ sind. Lassen Sie sich solche Dinge zusammensammeln oder lassen Sie sich in Zukunft auf diese Weise zuarbeiten.

Fühlen Sie sich durch auditives Vorgehen eher angesprochen, so nutzen Sie alle möglichen Sitzungen, von denen es in der Regel genügend gibt, um das zu lernen, was Sie möchten. Außerdem finden Sie in Intranet und Internet Aufzeichnungen, die Sie sich anhören können. Oder Sie organisieren selbst Diskussionen mit den entsprechenden Menschen, von denen Sie Dinge erfahren oder lernen möchten.

Haben Sie den Eindruck, eher Kinästhet zu sein, finden Sie heraus, mit wem Sie am besten zusammenarbeiten können, um weiterzulernen. Überlegen Sie sich, in welchem Rahmen dies für Sie am günstigsten und angenehmsten ist. Über das Lernen von den Besten haben wir bereits im vorangegangenen Kapitel gesprochen. Nutzen Sie dies weidlich aus für sich. Über Zusammenarbeit mit anderen geht es im nächsten Kapitel.

Sollten Sie sich in zwei oder allen drei Lerntypen wiederfinden, nutzen Sie die gesamte Ihnen nützliche Palette an Möglichkeiten.

Übung: Einen Plan oder eine Strategie entwickeln

Steigen Sie gar nicht erst ins Hamsterrad ein!

Antonio war bereits seit einigen Jahren im Europäischen Parlament. In einer Coaching-Sitzung, in der es eigentlich um eine andere ihm am Herzen liegende Thematik ging, wurde ihm plötzlich bewusst, dass er seit Jahren Dinge tat, die eigentlich nicht dringend erforderlich waren. Gleichsam als Nebenprodukt dieser Coaching-Sitzung und ausgelöst durch das Gespräch wurde ihm Folgendes klar: In seinem Eifer, allen Anfragen, Anträgen und Aufgaben, die alle Seiten an ihn stellten, nachzukommen, hatte er alles als gleichwertig betrachtet.

In der folgenden Sitzung erarbeitete er sich einen Plan, welche Dinge er delegieren, welche er ablehnen könnte und welche wirklich wichtig für ihn waren. Auf diese Weise erreichte er, dass er die Themen und Aufgaben, die er als prioritär für sich erachtete, mit mehr Engagement und überzeugender bearbeitete, als ihm dies vorher möglich war. Zudem hatte er das Gefühl, aus seinem Hamsterrad ausgestiegen zu sein. Nach den Wahlen wurde er in den Vorstand seiner Fraktion berufen.

Ihnen steht mittlerweile genügend Material zur Verfügung, um sich einen Plan, eine Strategie, oder wie auch immer Sie es nennen möchten, zusammenzustellen. Vielleicht in Form einer Liste, einer Powerpoint-Serie mit Bildern, eines Plakates für die Wand oder vielleicht reichen Ihnen ein paar Stichworte, die Sie griffbereit irgendwo aufschreiben?

Ihr »Werkzeug« richtet sich zusammenfassend nach folgenden Fragen aus:

→ Ihre Timeline: Welche Entwicklungs- und Lernziele sowie welche politischen Ziele wollen Sie bis wann erreicht haben?
→ Ihre Themen: Welches sind Ihre Prioritäten für Ihr Mandat? In welchem Thema beziehungsweise welchen Themen möchten Sie sich zum Fachmann oder zur Fachfrau entwickeln?
→ Ihr Lernen: Wie können Sie sich Ihre Arbeits- und Lernprozesse erleichtern?
→ Ihre Bewertung: Was sind die kleinen Veränderungen, Markierungen und Meilensteine, an denen Sie erkennen können, dass Sie Ihren Plan, Ihre Strategie Schritt für Schritt umsetzen?

Als Basis für Ihren Plan beziehungsweise Ihre Strategie dienen Ihnen Ihre Grundwerte und Ideen bezüglich Ihrer Vorstellung als Politikerin (aus dem vorangegangenen Kapitel).

Sie können den Plan oder die Strategie erweitern durch Elemente, die Sie sich später erarbeiten, beispielsweise Menschen hinzufügen, die Ihnen helfen können, wie es im Folgekapitel besprochen wird.

Fazit

Wer sich schon zu Beginn seiner neuen Amtszeit Gedanken macht, welche grob gesteckten oder übergeordneten Ziele er im Laufe der zur Verfügung stehenden Jahre in Angriff nehmen möchte, und sich dafür einen Plan entwickelt, der lässt sich nicht so schnell von der Komplexität und den Ablenkungen des neuen Jobs beziehungsweise des politischen Alltags entmutigen.

Je besser Sie sich selbst kennen und wissen, wie Sie angesichts der neuen Herausforderungen am besten lernen und sich motivieren und weiterentwickeln können, desto leichter finden Sie Ihren Platz und Ihren Weg in Ihrer neuen Welt. Es wird Ihnen leichter fallen, sich in Ihrem (neuen) politischen Umfeld zu behaupten.

Wer hilft mir und wie baue ich mein Netzwerk auf?

Beispiel: Der Brüsseler Netzwerker Frank Schwalba-Hoth[5]

Die Europäische Union selbst ist ein Netzwerk. Sie ist auf diese Weise strukturiert, und ihre Informations- und Entscheidungsprozesse verlaufen netzwerkartig. Die Union würde nicht funktionieren, wenn sie nicht genauso arbeiten würde. So müssen die Sachlagen in jedem Politikbereich in den 27 Mitgliedsländern immer wieder miteinander abgeglichen und verglichen werden, um überhaupt zu Vorschlägen für gemeinsame Entscheidungen zu gelangen.

Das Netzwerkeln fängt schon auf individueller Ebene an. Der bekannteste Netzwerker Brüssels ist wohl Frank Schwalba-Hoth. Er war in den 1980er Jahren selbst Europa-Abgeordneter und arbeitet seit etwa zwanzig Jahren als Berater und Lobbyist für die unterschiedlichsten Personenkreise.

Überzeugt von dem Nutzen des Netzwerkens veranstaltet er seit

1989 monatlich internationale Abende, zu denen er mittlerweile zwischen 60 und 80 Leute einlädt. Dabei achtet er darauf, dass die Menschen jedes Mal aus völlig unterschiedlichen Kreisen und Nationalitäten kommen. Während des Abends sorgt er dafür, dass sich die Gesprächspartner etwa alle halbe Stunde umsetzen, um sich mit so vielen Menschen wie möglich austauschen zu können.

Was sind nun die Nutzen von Netzwerkstrukturen? Sie werden genutzt, um inhaltlich und strategisch Projekte oder politische Pläne weiterzuentwickeln. Abgesehen davon, gelingt es »Netzwerkern« oft leichter als anderen, ihre eigene Karriere mit Hilfe anderer Menschen abzugleichen und zu gestalten.

Über Netzwerke können Informationen viel schneller zusammengeführt und ausgetauscht werden. Außerdem können hieraus informelle Kontakte entwickelt werden, über die der Austausch noch leichter fällt. Die Grundvoraussetzungen für fruchtbares Funktionieren von Netzwerken sind allerdings, dass sie genutzt werden in einem Klima der Offenheit gegenüber anderen Menschen, der Freude am Lernen und daran, Neues zu erfahren, des Interesses an Anderen und an anderem Denken und des ehrlichen Wunsches nach gegenseitigem Austausch und wechselseitiger Unterstützung.

Worum es geht

Inzwischen haben Sie eine Strategie für sich erstellt oder einen Plan erarbeitet. Sie wissen, was für Sie wichtig ist, und können sich und Ihr Handeln immer wieder hiernach ausrichten.

Nun geht es um Ihre Unterstützung. Die direktesten Helfer Ihres Netzwerkes stellen sicherlich Ihre persönlichen Mitarbeiter dar. In diesem Kapitel geht es darum, wie Sie Mitarbeiter finden und die Zusammenarbeit mit ihnen so hilfreich, effizient und angenehm gestalten können, wie Sie es sich wünschen.

Über das Team hinaus ist in einer globalisierten Welt die weitere Vernetzung wichtig. Wie können Sie aus den unterschiedlichen Quellen die wichtigsten Informationen zusammenfließen lassen? Bauen Sie Ihr eigenes Netzwerk auf. Es können die wichtigsten relevanten Netzwerkpartner für die politische Arbeit definiert werden. Hierzu gehören andere politische Vertreter aus verschiedenen Gremien und Ebenen, Lobbyisten und Interessenvertreter, die Medien. Wie müssen die Informationen fließen, um für die Politikgestaltung genutzt werden zu können? Ein gut unterhaltenes und funktionierendes Netzwerk erlaubt zügige Informationsbeschaffung und Austausch.

Neben den Netzwerkpartnern, die für Fachinformationen zuständig sind, können einem Netzwerk andere Dienstleister angehören, welche die Arbeit erleichtern. Für Politiker können hierzu beispielsweise ein Redenschreiber, eine Hilfe für die persönliche Website oder den Blog oder ein Coach sein. Möglicherweise sind weitere Personen hilfreich, um den Alltag zu erleichtern: eine Putzhilfe, ein Kindermädchen oder Ähnliches mehr.

Wer sein Netzwerk definiert, aufbaut und pflegt, macht sich Arbeit und Leben leichter, sorgt dafür, sich selbst in schwierigen Zeiten unterstützt zu fühlen, und hat Menschen, auf die er bauen kann. Wer lacht schon gern allein? Gute und angenehme Kontakte können also auch noch zur Freude und Entspannung beitragen.

Wer eigene Netzwerkerfahrungen hat, kann darüber hinaus üben, unsere globalisierte Welt in ihren netzwerkartigen Strukturen besser zu erfahren und zu erkennen. Er kann ein Gespür dafür entwickeln, Prozesse und Zusammenhänge zu beobachten und diese wichtigen Zusatzinformationen für die Formulierung seiner Politik nutzen.

Im Europäischen Parlament

Wichtige Bezugspersonen der Europa-Abgeordneten sind ihre *persönlichen Assistenten*. Parlamentarier, die neu ins Europäische Parlament einziehen, profitieren enorm von Mitarbeitern, die bereits für andere Abgeordnete gearbeitet haben. Sie kennen die Abläufe im Parlament und zwischen den EU-Institutionen sowie die unterschiedlichen Zuständigkeiten. Meistens werden mindestens jeweils ein Assistent im Heimatbüro und ein oder zwei in Brüssel eingesetzt. Je nach Bedarf reist einer von ihnen gelegentlich nach Straßburg mit. Ansonsten wird während der monatlichen Straßburg-Wochen dem Abgeordneten von Brüssel und vom Heimatort aus zugearbeitet.

Es werden aber auch andere Formen der Zusammenarbeit zwischen Abgeordneten und ihren Mitarbeitern ausprobiert. Ramona holte beispielsweise für mehrere Monate ihren Assistenten aus dem Heimatbüro in Spanien nach Brüssel. Auf diese Weise konnte der junge Mann lernen, dass der Arbeitsrhythmus in Brüssel ein ganz anderer war als der in Spanien. Als er nach der Erfahrung im Europäischen Parlament zurück ins spanische Heimatbüro ging, fiel es ihm leichter, dort seine Arbeitszeiten denen von Brüssel anzupassen.

Beliebt sind auch Praktikantenstellen bei Europa-Politikern. Praktikanten helfen den Parlamentariern, insbesondere wenn zusätzliche befristete Aufgaben anfallen. Im Gegenzug haben die jungen Menschen die Möglichkeit, einen Einblick in die Arbeiten der europäischen Institutionen und die Europapolitik zu erhalten.

Für ihre politische thematische Tätigkeit unterhalten die Parlamentarier Kontakte zu dem zuständigen EU-Kommissar und weiteren Kommissions- und Ratsvertretern, zu dem nationalen für das Ressort zuständigen Minister und Parteisprecher, zu Mitarbeitern im Parlament, in der Partei und je nach Thematik zu wichtigen Vertretern aus der Wirtschaft beziehungsweise den Nichtregierungsorganisationen und Lobbyisten. Je nach Engagement, Interessen und Fremdsprachenkenntnissen können weitere Schlüsselpersonen im Heimatland und in anderen Ländern der Europäischen Union hinzukommen. Auf diese Weise können sie ihre Informationen einholen, abgleichen und ihre Positionen erarbeiten. Ihre Verhandlungen führen sie insbesondere mit den anderen Fraktionen im Europäischen Parlament und mit Vertretern des Rates der Europäischen Union und der EU-Kommission.

Bei dem aufwändigen Leben der vielreisenden Europa-Abgeordneten können aufgrund der unterschiedlichsten Bedürfnisse weitere Hilfskontaktpersonen hinzukommen.

Übung: Mitarbeiter einstellen

Wenn Sie auf die Suche nach Mitarbeitern gehen, ist es auf jeden Fall hilfreich, langjährige Politiker-Kollegen nach Tipps und deren Erfahrungen zu befragen. Möglicherweise können Sie zu diesem

Zeitpunkt noch nicht für sich beurteilen, wie viele Mitarbeiter Sie benötigen werden.

Deshalb fragen Sie sich zunächst, nach welchen Kriterien Sie Mitarbeiter aussuchen möchten. Ihre Grundwerte und die von Ihnen entwickelte Strategie dienen dabei als Richtlinie.

→ Welche weiteren Kriterien sollten die Mitarbeiter erfüllen?
→ Welche Berufserfahrungen und Vorkenntnisse sind Ihnen wichtig?
→ Welche fachlichen und methodischen Kompetenzen der Mitarbeiter sind für Ihre Ziele relevant?
→ Welche Sprachen sollten sie sprechen?
→ Welche sozialen und zwischenmenschlichen Qualitäten sind Ihnen beim Mitarbeiter wichtig?
→ Welche sonstigen persönlichen Fähigkeiten und Eigenschaften sollten Ihre Assistenten mitbringen?
→ Mit welcher Art von Mensch können Sie am besten zusammenarbeiten?

Die Zusammenarbeit zwischen Politiker und Mitarbeitern ist für gewöhnlich sehr eng. Häufig bildet man nur ein kleines Team und arbeitet womöglich auf engem Raum zusammen. Deshalb achten Sie darauf, dass »die Chemie« stimmt.

Wie und wo könnten Sie Ihre künftigen Assistenten finden? Gibt es bestimmte Personen, Kollegen oder Quellen, die Ihnen weiterhelfen, oder möchten Sie eine Anzeige schalten? Wenn Letzteres der Fall ist: Wo könnten Sie am besten inserieren?

Für die Auswahlgespräche stellen Sie sich am besten einen Fragenkatalog gemäß der von Ihnen entwickelten Prioritäten zusammen. Während des Gesprächs können Sie sich immer wieder hieran orientieren. Stellen Sie Ihre Fragen möglichst offen; das heißt, dass der Bewerber nicht nur mit Ja oder Nein antworten wird. Auf diese Weise bringen Sie die Kandidaten zum Reden und erfahren mehr über Ihre zukünftigen Mitarbeiter.

Übung: Mitarbeitern Feedback geben und ein schlagkräftiges Team entwickeln

Die persönlichen Mitarbeiter von Politikern sind oft ihre größte Stütze. Wenn es Ihnen gelingt, gemeinsam mit Ihren Mitarbeitern ein schlagkräftiges Team zu bilden, sorgen Sie für eine große Entlastung bei Ihrer Arbeit.

Ein Hauptkriterium hierfür ist ein Klima des gegenseitigen Vertrauens und Wertschätzens. Definieren Sie, wie genau ein ideales Arbeitsklima für Sie beschaffen sein muss. Woran merken Sie, dass solch ein Idealklima vorherrscht? Sammeln Sie die für Sie wichtigen Kriterien. Woran werden es Ihre Mitarbeiter merken? Weihen Sie die Mitarbeiter in Ihre Strategie ein und informieren Sie sie über Ihre Grundwerte.

Die Europa-Abgeordnete Hilda entwickelte ihre Strategie gemeinsam mit ihren Mitarbeiterinnen weiter. Das gesamte Büro war informiert, von welchen Grundwerten bei Anfragen oder Verhandlungen keinesfalls abgewichen werden sollte. Jeder wusste, wo demgegenüber Verhandlungsspielräume bestanden.

Wenn Sie mehrere Mitarbeiter haben, klären Sie die Arbeits- und Aufgabenverteilung zwischen den Assistenten, insbesondere wenn diese Ihnen von verschiedenen Orten aus zuarbeiten. Definieren Sie, wie Sie sich untereinander abstimmen wollen. Vielleicht ist es möglich, den Handlungsspielraum der Mitarbeiter abzustecken. Wenn Sie viel reisen, wird dies besonders hilfreich sein für Ihr Büro.

Ein gut funktionierendes Team bildet sich und blüht auf durch konstruktives und wertschätzendes Feedback. Was können Ihre Mitarbeiter besonders gut? Wo liegen ihre Stärken? Geben Sie dieses positive Feedback an sie zurück, wenn Sie besonders motivierte Menschen um sich haben möchten. Für welche Aufgaben können diese Stärken besonders gut eingesetzt werden? Was können Sie selbst delegieren, um die Stärken der Mitarbeiter in die Gesamttätigkeit Ihres Büros einzubinden? Diskutieren Sie, wie sich Ihre Mitarbeiter weiterentwickeln können.

→ Wie können Sie Ihre Mitarbeiter dabei unterstützen und fördern?
→ Wie kann all dies Ihre eigene Strategie und Ihre Ziele unterstützen?

→ Für welche zukünftigen Aufgaben könnten Sie die Hilfe von Praktikanten benötigen?

Nicht immer mag Ihnen gefallen, wie Ihre Mitarbeiter arbeiten. Dennoch kann das Feedback wertschätzend und konstruktiv bleiben. Das erreichen Sie, wenn Sie ein paar Grundregeln beachten: Ein konstruktives Feedback richtet sich konkret und sachlich auf ein bestimmtes Verhalten einer Person und nicht auf die Person und ihre Persönlichkeit selbst.

Es wird als Ich-Botschaft formuliert, beispielsweise: »ich finde ...« oder »aus meiner Sicht ...«. Eine solche Äußerung kann vom anderen besser akzeptiert werden; denn Sie drücken aus, dass es sich um eine Meinung und nicht um ein allgemeines Urteil handelt. Gleichzeitig sollte das Feedback konstruktive Tipps und Verbesserungsvorschläge enthalten.

Steht ein kritisches Gespräch an, ist es hilfreich, wenn Sie sich zunächst die Leistungen und Stärken des Mitarbeiters in Erinnerung rufen und diese einleitend ansprechen. Das hilft Ihnen, Ihre eigenen Emotionen zu kontrollieren. Dem Gesprächspartner erleichtert es die Annahme der Kritik, weil er weiß, dass sie sich nur auf konkrete Teilaspekte bezieht.

Übung: Ihr Netzwerk anlegen und unterhalten und davon lernen

Netzwerke anlegen

Ihr direktes kleines Netzwerk haben Sie nun angelegt – Ihre Mitarbeiter sind bereit. Legen Sie Kriterien fest, nach denen Sie Ihr weiteres Netzwerk aufbauen und unterhalten wollen.

Definieren Sie für Ihre politischen Themen, welche Art von Kontakten für Sie wichtig ist und wen Sie unbedingt kennen sollten. Machen Sie ein Brainstorming mit Ihren Mitarbeitern oder lassen Sie von ihnen die wichtigsten Ansprechpartner recherchieren.

Für Europa-Abgeordnete beispielsweise gilt: Welche Art von Kontakten in Brüssel sollten Sie knüpfen? Im Parlament selbst, in den EU-Institutionen, in Ständigen Vertretungen, Regionalbüros, zu Lobbyisten, Nichtregierungsorganisationen, Informationsbüros, der Presse und so weiter.

Frank Schwalba-Hoth, der Netzwerker aus der belgischen Hauptstadt, empfiehlt neuen Europa-Abgeordneten, mindestens 50 solcher thematischen Kontakte in Brüssel zu kennen. Egal, auf welcher Ebene Sie politisch aktiv sind, fragen Sie sich: Wer sind für Sie die wichtigen Ansprech- und Austauschpartner auf nationaler, regionaler oder sonstiger für Sie relevanter Ebene? Das können die Regierung, die Oppositionspartei, Ministerien, der Ortsverein, Interessengruppen und Ähnliches mehr sein.

Legen Sie sich neben dem thematischen Netz ein praktisches Unterstützer-Netzwerk zu: Gibt es Dienstleister, die Sie in Ihr Unterstützungsnetzwerk aufnehmen möchten? Im Abgleich mit Ihrer Strategie oder Ihrem Plan: Gibt es Kenntnisse und Fähigkeiten, die Sie von anderer Seite einholen möchten, beispielsweise zur Gestaltung Ihrer Website oder was auch immer sonst Sie benötigen?

Vergessen Sie Ihre privaten Bedürfnisse und Interessen nicht: Neben Familie und Freunden, denen in diesem Buch an anderer Stelle mehr Beachtung geschenkt wird, legen Sie fest, welche Ansprechpartner Sie für ein aufwändiges Leben noch benötigen und wie Sie schnell auf diese zugreifen können. Hierzu könnte die ärztliche Versorgung, eine Putzhilfe, ein persönlicher Trainer, ein Kindermädchen oder Ähnliches mehr gehören.

Auf alle Fälle gehören hierzu auch Menschen, die Sie inspirieren und stärken. Wen gibt es in Ihrem privaten Umfeld? Und gibt es Freunde und Kollegen, bei denen Sie feststellen, dass Sie aus Gesprächen mit ihnen immer wieder gestärkt und erfrischt herausgehen? Haben Sie einen Mentor oder einen Coach, der Sie beflügelt? Wie können Sie diese Menschen immer wieder und vor allem häufiger in Ihr Leben einbeziehen?

In Netzwerken zusammenarbeiten

Wie möchten Sie mit den Netzwerkpartnern zusammenarbeiten? Allgemein gibt es ein paar Faktoren für erfolgreiches Netzwerkeln, die ganz besonders dann gelten, wenn es sich um nicht bezahlte Dienstleistungen handelt:

→ Das Geben und Nehmen: Wir Menschen merken, wenn jemand ein ehrliches Interesse an uns und unseren Belangen hat. Ebenso merken wir, wenn ein anderer nur auf einseitige Vorteile aus ist. Wer auf nichtmaterielle Weise in eine gute Arbeitsbeziehung investiert, kann sich konstruktive Zusammenarbeit erhoffen.

→ Das Formulieren dessen, was man benötigt: Wenn der Gesprächspartner hiermit nicht dienen kann, kennt er vielleicht einen Dritten, der hilft.

→ Verbindlichkeit: Wer es vermag, ein gewisses Maß an Verbindlichkeit mit seinen aufgebauten Kontakten zu entwickeln, kann auch längerfristig mit ihnen rechnen. Hierzu gehört auch die Anteilnahme an den Belangen der Netzwerkpartner. Sie hilft, auch ihnen die Unterstützung zukommen zu lassen, die sie benötigen.

→ Vor- und Nachbereitung von Kontaktpflege: Wer sich gut auf mögliche Gespräche einstellt und sich im Klaren ist, welche Informationen er benötigt, kann gezielter vorgehen. Wer sich hinterher Einzelheiten bezüglich der Gesprächspartner aufschreibt, schafft sich Anknüpfungspunkte für spätere Gespräche.

→ Dank: Ein Dankeschön erfreut jeden, zeigt es doch, dass man sich über das Gespräch gefreut hat und den Kontakt wertschätzt.[6]

Lobbyisten

Lobbyisten und Interessenvertreter gehören zu Ihren wichtigsten thematischen Kontakten. Bei ihnen können Sie alle erforderlichen Fachkenntnisse und Details abrufen. Umgekehrt leben diese davon, von Ihnen Informationen zu bekommen.

Je nach dem von Ihnen bearbeiteten Thema – insbesondere bei strittigen Vorlagen – kann es Zeiten geben, wo Sie von Lobbyisten förmlich überlaufen und mit Informationen bombardiert werden. Andererseits benötigen Sie auch Zeit für Reflexion und interne Verhandlungsprozesse – mit anderen Politikern, Fraktionen und so weiter. Dabei sind meistens Fristen vorgegeben, die eingehalten werden müssen.

Deshalb legen Sie fest, wie Sie mit Lobbyisten zusammenarbeiten möchten und können. In welchen Arbeitsphasen benötigen Sie ihre

Hilfe? In welchen Phasen ist die Zusammenarbeit mit den politischen Verhandlungspartnern wichtiger? Teilen Sie Ihre Gespräche mit den einen und den anderen Vertretern zeitlich entsprechend ein.

Netzwerke und »Leadership«: Von Netzwerken lernen

Stellen Sie sich die Bewohner von »Flachland«[7] vor: Kreise, Linien, Punkte und so weiter, die auf einer Fläche wohnen. Einer dieser Bewohner hat eines Tages ein »Erweckungserlebnis«. Er tritt in die Welt der Dreidimensionalität ein und erkennt, dass sein Nachbar, den er als Punkt wahrnimmt, aus dieser Perspektive eine Kugel ist, und diese Kugel berichtet ihrerseits, wie es sich in der Dreidimensionalität lebt.

Abgesehen davon, dass andere Flachlandbewohner ihn womöglich für verrückt halten, wenn er ihnen später von diesem Erlebnis erzählt, hat unser Flachlandbewohner doch Erkenntnisgewinne erzielt: Die Welt stellt sich womöglich anders dar, als ich sie bislang wahrgenommen habe; die Tatsache, dass wir Flachländer unsere eigene Weltsicht haben, bedeutet nicht, dass es die einzig mögliche ist; es gibt Dimensionen, die uns entgehen, einzig, weil wir sie uns nicht vorstellen können.

Ähnlich geht es uns, wenn wir unsere Welt nur in Bezug auf Einzelpersonen wahrnehmen. Wir verhandeln mit dem einen, danach mit dem anderen; oder aber wir verhandeln allein, aber im Rahmen einer Gruppe; wir lieben den einen, mögen aber den anderen nicht und Ähnliches mehr. So sehr wir auch diese Wahrnehmung unserer selbst und unserer Rolle in unserer Umwelt wahrnehmen, entgeht uns dabei eine weitere Dimension. Es ist die Dimension dieser Gruppe und ihrer Interdependenzen, dieser jeweiligen Umwelt selbst, in der wir uns gerade befinden. Anders ausgedrückt: Es handelt sich um die Dimension der Gruppe mit uns als Teilnehmendem statt als Beobachter. Gemeinsam erwächst uns als Gruppe eine andere Qualität, als dies die Summe aus uns Einzelpersonen je erzielt.

An dieser Stelle möchte ich die Netzwerkperspektive einführen und werde in anderem Zusammenhang mehrfach hierauf zurückkommen.

Was hat das Ganze mit Ihrer Politik zu tun? Die traditionelle Sicht aus der Politik, aber auch *auf* die Politik ist, dass Politiker ihre Politik für die Menschen machen. Der frühere deutsche Bundeskanzler Helmut Kohl pflegte dies so auszudrücken:»Die Menschen draußen im Lande ...« Politiker und Menschen werden somit einander gegenübergestellt.

Die Netzwerkperspektive ändert dies. Sie erlaubt Ihnen, Ihre Wahrnehmung für gesellschaftliche Prozesse zu schärfen, indem Sie diese künstliche Teilung überwinden und sich selbst in Ihre Erwägungen einbeziehen. Wenn Sie sich als Beobachter von Prozessen sehen, wie aus traditioneller Sicht, nehmen Sie die Welt anders wahr, als wenn Sie sich selbst als Teilnehmer an diesen Prozessen empfinden.

Gesellschaftliche Entwicklungen gestalten sich netzwerkartig. Ein Beispiel mit wohl weltweiten Auswirkungen war der Fall der Berliner Mauer am 9. November 1989. Menschen mit dem gleichen Ziel an verschiedenen Orten und im Rahmen zahlreicher unterschiedlicher Aktivitäten setzten eine Bewegung in Gang. Sie vernetzten sich. Die großen friedlichen Montagsdemonstrationen führten schließlich zu dem Beschluss der Volkskammer der damaligen DDR, die Übergänge der Mauer freizugeben. Politiker hatten hier nur eine eher hilflos-reaktive oder nachträglich gestaltende Rolle inne.

Das nicht hinreichend informierte SED-Politbüro-Mitglied Günter Schabowski wusste nicht, ab wann die Mauer offiziell geöffnet werden sollte, und gab sie dadurch abweichend vom politischen Beschluss zu früh frei. Dies setzte die bekannte Welle von gerührten, freudigen und weinenden Menschen frei, die sich noch nachts über die Grenze nach Westen bewegte.

Als Politiker, der sich als Beobachter dieser Netzwerkbewegungen und -aktivitäten sieht, nehmen Sie – um bei diesem Beispiel zu bleiben – insofern auf die Entwicklungen Einfluss, als die Beobachteten, also die Menschen, versuchen einzuschätzen, wie Sie, der Entscheidungsträger, reagieren werden, und werden wiederum – rückbezüglich – ihre Aktivitäten hiernach ausrichten. Die Menschen in der ehemaligen DDR haben sich also nach engen Rücksprachen miteinander immer wieder versichert und rückversichert, wie weit sie gehen können, um nicht – wie dies jahrzehntelang vorher der Fall war – von den Staatskräften verfolgt oder gar erschossen zu werden. Aus der Beobachterperspektive können Sie zudem gestaltend auf *bereits angelaufene* Prozesse Einfluss nehmen.

Als Politiker, der die Perspektive einnimmt, in seiner Rolle als Politiker gleichzeitig Bestandteil des gesamten Netzwerkes der Ereignisse zu sein, können Sie abwägen, in welche Richtung sich das Netzwerk entwickelt. Dies erlaubt Ihnen, auf der Grundlage Ihrer eigenen Werte aktiv auf die Entwicklungen einzuwirken statt lediglich im Nachgang hierauf zu reagieren. Im Beispiel der Berliner Mauer hat sich gezeigt, dass die meisten Politiker der ehemaligen DDR die Entwicklungen und Bewegungen im eigenen Land weit unterschätzt haben. Sie wurden hiervon überrollt. Auch die Politiker Westdeutschlands waren auf die Wende nicht gefasst. In beiden Fällen blieb den zuständigen Politikern nur noch ihre reaktive und im Nachhinein gestaltende Rolle.

Es gibt zahlreiche andere weniger spektakuläre Beispiele, wo Menschen miteinander die Initiative ergreifen, um gesellschaftliche Veränderungen hervorzubringen, auf regionaler, kommunaler oder Stadtteil-Ebene.

Fragen Sie sich, welche Rolle Sie im Rahmen der für Sie relevanten Netzwerke einnehmen wollen, für die Sie politische Entscheidungen treffen müssen. Versetzen Sie sich gedanklich in dieses Netzwerk und überlegen Sie von dieser Stelle aus, wie politisches Vorgehen gestaltet werden könnte. Ihre persönliche Grundlage hierfür, nämlich Ihre eigenen Werte und Ihre Zielrichtungen, haben Sie bereits gelegt.

Wieder ist ein Innehalten erforderlich, damit Sie sich bewusst machen, was Sie als Netzwerk definieren können. Wenn beispielsweise eine sozialpolitische Entscheidung ansteht, welches sind die betroffenen Netzwerkteilnehmer und wie sieht die aktuelle Interaktion aus zwischen ihnen allen, einschließlich Ihrer eigenen Rolle?

Wohin bewegt sich dieses Netzwerk? Das heißt: Gibt es gemeinsame zugrundeliegende Werte oder Interessen? Gibt es ein Hauptziel, das alle Netzwerkteilnehmer, Bürger, Arbeitnehmer, Arbeitgeber, Gewerkschaften und so weiter und auch Sie gemeinsam verfolgen, und welches ist das? Was können Sie in Ihrer Position tun, um diesem Ziel näher zu kommen?

Fazit

In einer international verflochtenen Welt ist das A und O erfolgreicher Arbeit die Vernetzung mit anderen. Sie haben bei sich persönlich damit angefangen, indem Sie exzellente Mitarbeiter gefunden haben und dafür sorgen, dass Ihr politisches Büro ein schlagkräftiges Team ist.

Wer darüber hinaus ein umfassendes Netzwerk für seine Arbeitsthemen anlegt und unterhält, dem gelingt es, sich in kürzester Zeit über anstehende Themen zu informieren und sie weiterzuentwickeln.

Selbst »ruhige Arbeiter«, die nicht gern auf allen Hochzeiten tanzen, wissen um die Wichtigkeit von Geben und Nehmen im Netz. Sie delegieren gegebenenfalls die praktische Netzwerkarbeit und den Austausch an kommunikationsstarke Mitarbeiter. Wem es gelingt, sich außerdem ein Netz von zusätzlichen Helfern und Dienstleistern einzurichten, erleichtert sich sein komplexes Leben.

Eine Netzwerkperspektive zu entwickeln, aus der heraus man politische Entscheidungen trifft, bedeutet, umfassendere oder stärker einschließende, empathische und damit nachhaltigere Entscheidungen treffen zu können.

Welche Politik? Teil 1: Visionen entwickeln

Beispiel: Robert Schuman, der erste Präsident des Europäischen Parlaments

Der deutsche Alt-Bundeskanzler Helmut Schmidt sagte einmal: »Wer Visionen hat, sollte zum Arzt gehen.« Er wollte damit seinen pragmatischen politischen Ansatz als »Macher« unterstreichen. Ich weiß nicht, ob der Alt-Bundeskanzler auch heute noch so argumentiert. Ohne Visionen hätten wir uns allerdings nicht weiterentwickelt.

Besonders in einer globalen Welt-Gesellschaft, in der die Zusammenhänge immer mehr miteinander verflochten sind und Krisen, aber auch Ereignisse, die positiv wahrgenommen werden, gleich ein globales Ausmaß annehmen, sind meines Erachtens Visionen unerlässlich. Politische wie internationale Entscheidungsträger sollten eine Vorstellung davon haben, in welche Richtung ihre Politik gehen soll, wie sich die Welt weiterentwickeln soll. Nur so können sie proaktiv Einfluss nehmen. Das Abhaken des Tagesgeschäftes allein reicht nicht aus. Die Welt und ihre Entwicklung braucht nicht dem Zufall überlassen zu werden.

Auch in der Vergangenheit sind viele Beispiele von visionären Politikern zu finden, deren Denken dazu beitrug, die Welt zu verändern. Für die Europäische Union, für ganz Europa und wohl auch darüber hinaus ist Robert Schuman, der 1958 schließlich der erste Präsident des Europäischen Parlaments wurde,[8] ein grundlegendes Beispiel für einen Visionär. Ihm gelang nicht nur, den Grundstein für seine Visionen zu legen, sondern er schaffte dies auch noch so nachhaltig, dass er heute von den Folgen seines Tuns beeindruckt wäre.

Er war ein deutsch-französischer Politiker luxemburgisch-lothringischer Abstammung. Als Abgeordneter des französischen Parlaments, der Nationalversammlung, wurde er 1940 von den nationalsozialistischen Besatzern durch die Gestapo verhaftet. Es gelang ihm die Flucht, und er schloss sich dem Widerstand an.

Trotz – oder aus seiner Sicht vielleicht gerade wegen – dieser Erfahrungen war seine Vision, Frieden und Ausgleich mit den ehemaligen Kriegsgegnern zu schaffen und in einer weiteren Perspektive den Krieg in der Welt undenkbar und materiell unmöglich zu machen. Erreicht werden sollte dies durch freiwilliges Einbinden der zusammenarbeitenden Länder unter einer von diesen Ländern geschaffenen Hohen Behörde. Dabei sollten die beteiligten Staaten dieser Behörde freiwillig begrenzte Hoheitsmacht abtreten und sich ebenso freiwillig den Entscheidungen dieser Behörde unterwerfen. In seiner Eigenschaft als Außenminister Frankreichs konkretisierte Schuman seine Vision.

Der am 9. Mai 1950 verkündete Schuman-Plan änderte die damalige Politik von Grund auf. Deutschland und den übrigen teilnehmenden Staaten wurde ein Zusammenschluss ohne jegliche Diskriminierung oder Beschränkung angeboten. Statt einer Politik der Vergeltung rief er eine Politik der Vergebung, der Verständigung und der freiwilligen Zusammenarbeit ins Leben.

Am 18. April 1951 unterzeichneten Belgien, Frankreich, Italien,

Luxemburg, die Niederlande und die Bundesrepublik Deutschland in Paris den Vertrag über die Gründung der Europäischen Gemeinschaft für Kohle und Stahl. Die Verwaltung der Rohstoffe, die nur wenige Jahre zuvor in der Kriegsproduktion eingesetzt wurden, konnte auf diese Weise erstmals gemeinschaftlich organisiert und somit kontrolliert werden. Es entstand eine der ersten supranationalen Gemeinschaften in Europa, aus denen sich die heutige Europäische Union entwickelt hat.

Was machte Robert Schumans Erfolg aus? Zunächst einmal eine klare Vision von einer Welt im Frieden und einem friedlichen Zusammenleben der Völker. Diese Vision basierte auf absoluten Grundwerten. Für Schuman waren dies seine tiefste Humanität und sein christlicher Glaube. Auf dieser Grundlage seien »alle Menschen aufgrund ihres Wesens gleich«, schreibt er in seinem Buch »Pour l'Europe«, und weiter: »Das allgemeine Gesetz der Liebe und Nächstenliebe macht aus jedem Menschen unseren Nächsten.«[9]

Zum Erfolg gehört auch Schumans Bereitschaft zur bedingungslosen Vergebung, denn jedes Vergeltungsdenken hätte dieser Vision im Wege gestanden.

Neben der Vision entwickelte Schuman gemeinsam mit anderen praktikable Ansätze zu ihrer Umsetzung, wie beispielsweise Elemente der Supranationalität. Freiwillige Zusammenarbeit und gegenseitige »checks und balances« zwischen den teilnehmenden Staaten bei der Anwendung von Macht und dem Einsatz von Rohstoffen gehörten ebenfalls dazu. Ziel war ja, den Krieg in der Welt undenkbar und materiell undurchführbar zu machen.

Zu den persönlichen Stärken Schumans gehörten auch seine allseits anerkannte Ehrlichkeit und sein Durchhaltevermögen. Sie nährten sich aus seinen tiefsten Grundwerten. Denn oft wurde Schuman für seine Politik angegriffen. Bei der Debatte über die Ratifikation des Vertrages über die Europäische Gemeinschaft für Kohle und Stahl, des ersten europäischen supranationalen Vertrages, in der Französischen Nationalversammlung wurde er von den Kommunisten übel beschimpft. »Da kommt der Saupreuße!« und »Gauleiter Schuman raus!« riefen sie.[10] Und so etwas musste sich jemand sagen lassen, der ein paar Jahre zuvor von der Gestapo verhaftet worden war.

Natürlich bedurfte es bei einem derart großen Projekt mit völlig neuem Ansatz besonderen Verhandlungsgeschicks. Schuman gelang es, sich grenzüberschreitend Verbündete zu suchen und ein Netzwerk von Unterstützern und Gleichgesinnten für seine Ideen aufzubauen. Sie vertraten möglicherweise andere Grundwerte, teilten aber alle die Vision einer friedlichen Welt. In Gesprächen mit den USA und Großbritannien und gemeinsam mit dem Franzosen Jean Monnet, dem Deutschen Konrad Adenauer und dem Italiener Alcide De Gasperi brachte Robert Schuman die Europäische Union auf den Weg – und damit seine Vision in die Wirklichkeit.

Worum es geht

Nicht jeder Politiker will und wird die Welt so nachhaltig verändern wie ein Robert Schuman. Darum geht es hier auch gar nicht. Es soll vielmehr darum gehen, dass Sie als Politiker immer wieder die Möglichkeit haben, über die Welt und die Gesellschaft zu reflektieren, wenn Sie sich etwas Zeit dafür nehmen. Sie sind in einer Position, in der Sie Veränderungen und Verbesserungen für die Menschheit in die Wege leiten und erwirken können.

Sie haben inzwischen Ihre starken Grundlagen entwickelt mit Ihren Werten und Ihren Zielen. Zudem steht Ihnen zur Unterstützung ein Netzwerk zur Verfügung. In diesem Kapitel werden wir besprechen, wie Sie Ihr visionäres Denken trainieren und in Ihr Tagesgeschäft einbauen können.

Wem dies gelingt, der lässt sich nicht vom hektischen Arbeitsalltag so antreiben, dass er das Gefühl hat, nur noch reagieren zu können. Er behält die Fäden in der Hand und nimmt aktiv als »Steuermann« Einfluss auf Veränderungen.

Im Europäischen Parlament

Manche Europa-Abgeordnete haben das Gefühl, für langfristige Visionen keine Zeit zu haben. Sie alle haben lange intensive Arbeitstage, zahlreiche Fristen einzuhalten und sind häufig auf Reisen, insbesondere zwischen den Arbeitsorten. Manche haben ein Gefühl des Getriebenseins, des Mangels an eigener Kontrolle über die Zeit und ihr Tun, des bloßen Reagierens. Dieses Gefühl ist verständlich angesichts des Arbeitsalltags dieser Politiker.

In der Praxis nehmen die Abgeordneten in ihren Berichten Stellung und erarbeiten Gegenpositionen zu den Gesetzesinitiativen der Europäischen Kommission. Darüber hinaus haben die Parlamentarier die Möglichkeit, eigene Initiativberichte zu verfassen, die jedoch bis vor Kurzem keinen rechtlich verbindlichen Charakter hatten.[11] Somit sah bisher auch die praktische Arbeit eher reaktiv aus.

Schaut man sich dagegen die Entwicklung des Europäischen Parlaments und der Europäischen Union sowie der Politik, die dort gemacht wird, über eine Zeitachse an, so erzählt dieser Blick eine andere Geschichte. Zwischen den Zeiten Robert Schumans als erstem Präsidenten der damaligen Parlamentarischen Versammlung und heute liegen Welten und nur gut 50 Jahre. An ein Parlament, das so viele auch jahrelang feindlich getrennte Nationen vertritt, hatten die Gründerväter möglicherweise noch gar nicht gedacht. Von einer bloßen parlamentarischen Vertretung ohne Entscheidungsbefugnis hat sich das Europäische Parlament zu einer mitentscheidenden Instanz für die gesamte Europäische Union und darüber hinaus entwickelt. Für die Bürger bedeutet das, dass sie ihre Entscheidungsträger in Europa demokratisch wählen und Einfluss auf sie nehmen können. Es gäbe noch viel mehr von den Entwicklungen zu berichten, aber dafür steht anderweitige Literatur zur Verfügung.[12]

Diese Veränderungen illustrieren aber, dass es vielen Einzelnen immer wieder gelang, in ihrer Arbeit Visionen zu denken und umzusetzen und die Gesamtheit des Parlaments mitzureißen, selbst wenn sich Einzelne in ihrem hektischen Tagesverlauf dieser Dimension nicht bewusst sind. Alle Abgeordneten haben zu diesen epochemachenden Veränderungen auf ihre Weise beigetragen.

Europa-Abgeordnete befinden sich an herausragender Stelle für vernetztes Denken. Sie werden für keine ihrer Positionen Unterstützung finden, wenn sie nicht Politiker aus anderen Ländern hierfür gewinnen können. Und das fängt bei den eigenen Fraktionskollegen an. Nach einer Weile kennen sie nicht nur die Positionen der anderen Fraktionen im Parlament zu ihrem Fachgebiet, sondern sie haben

auch einen Überblick gewonnen über die Situationen in den einzelnen Mitgliedsländern der EU. Das trainiert, ein Gefühl davon zu
bekommen, in welche Richtung sich Gesellschaften entwickeln. Es
kann das Verständnis für die Menschen und ihre Belange erhöhen
und ermöglicht, die Politik entsprechend auszurichten. Den Politikern erlaubt es, ihre Berichte und Stellungnahmen schon im Vorfeld
so zu formulieren, dass sie die Interessen anderer Länder und Fraktionen gleich mit einbauen, um einen möglichst kompromissfähigen
Vorschlag vorlegen zu können.

Visionen in einer globalisierten Welt

In einer zerstörten Welt wie der nach dem Zweiten Weltkrieg kann
man noch Zukunftsvisionen haben, mögen Sie denken. Aber wie sieht
es aus, wenn die Welt, so wie heute, näher zusammengerückt und – aus
westlicher Perspektive – irgendwie aufgebaut und fertiggestellt ist?

Immer noch gibt es zahlreiche Kriege in dieser Welt, die – selbst
wenn sie nicht in unserer unmittelbaren Nähe stattfinden – Auswirkungen auf uns haben. Eben durch die Verflechtungen unserer
heutigen Welt sind wir alle betroffen: durch Epidemien, Finanzkrisen,
Klimaveränderungen, Umweltprobleme und so weiter, aber natürlich
auch durch konstruktive Entwicklungen.

Visionen helfen, neue alternative und proaktive Wege einzuschlagen,
anstatt auf jede Katastrophe punktuell zu reagieren. Dabei muss es
nicht immer um die großen Visionen gehen. Schon kleine Veränderungen oder Neuerungen auf Stadtteil- oder kommunaler Ebene
können oft ungeahnte Wirkungen entfalten und sich auf anderen
Ebenen fortsetzen, und sei es beispielsweise dadurch, dass sie für
andere Kommunen, Regionen und schließlich nationsweit Vorbild-
charakter entwickeln.

Erlauben Sie sich Visionen; die Menschen tun es schon lange! Sie
setzen sie in Netzwerken um. So gibt es immer wieder zahlreiche
erstaunliche Bürgerinitiativen, die oft mit erheblichem Know-how
argumentieren und erfolgreich für ihr Anliegen agieren.

Eine erstaunliche gesamtnationale Bürger-Netzwerkbewegung entstand in Island. Als eines der reichsten Länder der Welt wurde Island im Laufe der Finanzkrise von 2008 zum am stärksten verschuldeten Land der Welt. Viele Bürger waren verzweifelt und sahen keine Zukunft für sich und ihr Land mehr. Am 14. November 2009 versammelten sich auf Initiative verschiedener Nichtregierungsorganisationen über 1200 Menschen,[13] die repräsentativ ermittelt worden waren, in der Hauptstadt Reykjavik. Die Nationale Versammlung nannte sich »Ameisenhaufen« wegen ihrer arbeitsteiligen Selbstorganisation. Dieses Experiment würde ich als weltweit erstes gesamtnationales Coaching bezeichnen.

Nachdem die Politik des Landes als absolutes Scheitern wahrgenommen wurde, unter der alle zu leiden hatten, war das Ziel nun, die Geschicke des Landes selbst in die Hand zu nehmen.[14] Wiederum netzwerkartig erarbeiteten sich die Teilnehmer zunächst die Grundwerte, die sie in ihrem Land auf jeden Fall gesichert sehen wollen. Hierzu gehören an erster Stelle Integrität und Ehrlichkeit. Als weitere grundlegende Werte für die Gesellschaft wurden Gleichheit, Respekt, Gerechtigkeit, Liebe, Verantwortung, Freiheit, Nachhaltigkeit, Demokratie und Vertrauen genannt. Aufbauend auf diesen Werten einigten sich die Menschen anschließend auf neun gesellschaftliche Bereiche, in denen sie Änderungen beziehungsweise Neuanfänge starten wollen.

Der Tag der »Nationalversammlung« konnte von allen Menschen im Land über Webstreaming verfolgt werden. Fünf Regierungsminister, darunter Finanzminister Steingrímur Sigfússon, waren ebenfalls unter den Teilnehmern. Viele Teilnehmer schilderten die Atmosphäre als ermutigend. Endlich könnten sie wieder Hoffnung schöpfen; es sei eine Art Aufbruchstimmung entstanden.

Während die isländische Regierung in der Krise zurücktrat und sich neu formieren musste, während die neue Regierung einen eiligen Aufnahmeantrag in die Europäische Union, das »helfende Netzwerk«, stellte, schritten die Bürger zur Handlung und erarbeiteten sich gemeinsam ihre Vision und die Grundlagen der Politik für ihr Land und begannen, diese auch lokal umzusetzen, soweit ihnen das möglich war.

Wie in Deutschland bei der Wende 1989 (→ siehe Kapitel »Netzwerke und ›Leadership‹: Von Netzwerken lernen«) *reagierten* die Politiker nur auf die Ereignisse. Noch im selben Monat November beschloss die neue isländische Regierung, mit den Organisatoren der Nationalversammlung, den einladenden Nichtregierungsorganisationen, eine Partnerschaft einzugehen. Die Regierung ernannte eine Planungs-Taskforce. Ziel ist, die Schlussfolgerungen der nationalen Bürgerversammlung in die Pläne der Taskforce aufzunehmen. Die Regierung versprach zudem, die von den Bürgern begonnene Arbeit weiterzuführen und die von den Menschen festgelegten Grundwerte den Handlungen des Kabinetts und der Verwaltung zugrunde zu legen. Eine weitere Auswirkung der Arbeit des Ameisenhaufens ist, dass etwa 30 Bürger an der Ausformulierung einer neuen Verfassung für Island beteiligt werden.

Ein letztes Beispiel möchte ich noch anführen, bevor wir wieder zu dem praktischen Vorgehen für Sie persönlich zurückkehren.[15] Im Dezember 2009 fand in Kopenhagen der erste weltweite Klimagipfel statt. Er dauerte zwei Wochen. Mit etwa 190 Ländern waren so gut wie alle Länder der Erde dabei – mit Vertretern von Interessengruppen, Politikern und zum Schluss mit den Spitzenpolitikern, nämlich den Staats- und Regierungschefs. Auch wenn es um ein lebenswichtiges Thema ging, das uns alle betrifft, war der Umfang dieses Gipfels mit rund 15.000 Teilnehmern und die weltweite Bereitschaft, sich gemeinsam zu engagieren, beeindruckend. Erstmals versammelt sich ein Welt-Netzwerk mit dem gemeinsamen Ziel, das Klima zu schützen! Undenkbar noch gut 22 Jahre zuvor in Zeiten des Kalten Krieges.

Dennoch waren am Ende der hoffnungsfroh sogenannten »Hopenhagen«-Konferenz viele Menschen, Bürgerinitiativen und Länder enttäuscht von den Ergebnissen. Von den Staats- und Regierungschefs, die am Ende des Gipfels zusammenkamen, um eine gemeinsame Abschlusserklärung zu erarbeiten, war größere Einigung und mehr Engagement erwartet worden angesichts der existenziellen Problematik. Vorab hatte es demgegenüber auf dem Gipfel immer wieder viel Hoffnung und Optimismus gegeben.

Auf die Abschlusserklärungen hin meinte ein deutscher Vertreter des World Wildlife Fund zuversichtlich: »Der Klimawandel wird bekämpft werden! Wir werden eine niedrigere CO_2-Zukunft haben! Die Leute da draußen, vor allem die jungen, wollen das, das Business ist mit uns, und die Politik kriegen wir auch noch rum!«[16]

Anscheinend fühlten sich auch hier Bürger und ihre Initiativen von der Politik nicht hinreichend vertreten und vertrauen eher auf ihre eigenen Gestaltungskräfte. Ein Grund mehr, dass Sie sich als Politiker ebenfalls eingehend mit Ihren eigenen Visionen auseinandersetzen, diese mit denen der Menschen, denen Ihre Politik gilt, abgleichen, um dann die erforderlichen politischen Schritte zu ergreifen.

Die systemische Netzwerkperspektive (→ siehe Kapitel »Netzwerke und ›Leadership‹: Von Netzwerken lernen«), bei der Sie sich als Bestandteil des Netzwerkes sehen, erleichtert diese Form der Arbeit. Die folgenden Übungen sollen als Einstieg dienen, wenn Sie sich an diese Sichtweise gewöhnen möchten. Das Kapitel »Sicht- und Denkmodelle probieren« wird sich noch näher damit befassen.

Übung: Ihre Visionen für die Zukunft

Mit dieser Übung können Sie aufbauen auf Ihren Zielen, die Sie inzwischen mit der Timeline und im Zusammenhang mit der Wahl Ihres Fachbereiches oder Hauptthemas entwickelt haben (→ siehe Kapitel »Die neue Legislaturperiode und meine politische Arbeit: Wie gehe ich nun vor?«). Sie hilft Ihnen, Ihrer Arbeit eine noch klarere Richtung zu geben. Haben Sie den Mut, auch utopische Zukunftsszenarien zu denken! Vielleicht entwickeln Sie hierbei mit Ihren Visionen sogar ganz neue Ideen? Sie können diese Übung aber auch für aktuell anstehende Entscheidungen einsetzen.

Beim Blick in die Zukunft auf Ihrer Timeline haben Sie vielleicht bereits erste Bilder Ihrer idealen Gesellschaft gesehen oder erste Ideen für eine zukünftige Welt angedacht.

Das »Visualisieren« der Zukunft und neuer Ideen macht man am besten im entspannten Zustand. Nehmen Sie sich etwas Zeit, suchen Sie sich einen ruhigen Ort und lassen Sie Ihren Gedanken freien Lauf. Vielleicht hilft es Ihnen, ein paar Mal langsam und tief durchzuatmen, um sich weiter zu entspannen.

Nun überlegen Sie sich:
→ Auf der Grundlage Ihrer Werte: Wie sieht Ihre ideale Welt aus?
→ Welches sind für Sie die wichtigen Koordinaten?
→ Wie leben die Gesellschaften zusammen?
→ Was wäre alles anders, als es heute ist?
→ Für wen alles würden die Veränderungen Verbesserungen bringen?
→ Wer hätte Nachteile dadurch?

Malen Sie Ihre Zukunftswelt aus.
→ Was ist Ihre Rolle dabei?
→ Was genau tun Sie bei der Gestaltung dieser Zukunft?
→ Wer alles ist sonst noch beteiligt?

In einem zweiten Schritt überprüfen Sie:
→ Was zeichnet sich in den gesellschaftlichen Entwicklungen der Welt bereits ab?
→ Welche Elemente Ihrer Zukunftswelt existieren bereits in der Realität?
→ Welche Ansätze zu Ihrer idealen Gesellschaft gibt es bereits?
→ Woran können Sie anknüpfen?
→ Welchen Aktivitäten gehen Sie jetzt schon nach, die Sie auch in Ihrer Zukunftswelt weiter verfolgen würden?
→ Gibt es einen kleinen Schritt, den Sie noch tun können, um Ihrer Zukunftsvorstellung näher zu kommen?
→ Was könnte das sein?
→ Welche Ihrer persönlichen Stärken könnten Sie dafür nutzen?
→ Wen alles müssten Sie für diesen kleinen Schritt als Verbündete gewinnen?
→ Wann werden Sie diesen Schritt tun?
→ Wie ergänzt er Ihre Strategie oder Ihr Arbeitsprogramm? (Übung: Einen Plan oder eine Strategie entwickeln, S. 49)
→ Woran erkennen Sie, dass der erste kleine Schritt Realität geworden ist?

Vielleicht macht Ihnen diese Art von visionärem Denken soviel Freude, dass Sie sich regelmäßig Zeit nehmen, um es ins Tagesgeschäft einzubauen? Immerhin haben Sie Ihre Arbeit so gut vorstrukturiert, dass Sie sich immer wieder eine Reflexionspause gönnen können, wenn Sie das wollen.

Oder Sie möchten die Ergebnisse dieser Übung einbauen in Ihre speziellen Auszeiten, in denen Sie sich immer wieder auf sich selbst, Ihre Werte und Motivationen besinnen (Übung: Konzentrieren Sie sich auf sich selbst).

Übung: Vernetzt denken

Wenn Sie gern mit Diagrammen und Grafiken arbeiten, gefällt Ihnen vielleicht die folgende Übung. Auch sie knüpft an das an, was Sie sich bereits in den vorangegangenen Kapiteln erarbeitet haben. Sie regt dazu an, vernetzt zu denken, indem Sie Ihre Gedanken und Sichtweisen über verschiedene Ebenen »hochbrechen«.

In der Tabelle sind die Bereiche, in denen Sie sich Ihre Zukunftsszenarien und Visionen ausmalen können, bereits in der linken Spalte vorgegeben:

Auf der Grundlage dieser Bereiche können Sie sich Ihre individuellen Ziele überlegen, und zwar jeweils für die in den weiteren fünf Spalten angegebenen Ebenen, die Sie je nach Ihrer Situation umdefinieren können.

→ Welche der Zielbereiche in der linken Spalte sind für Sie besonders wichtig?
→ Wie sollte der jeweilige Zielbereich in der Zukunft aussehen?
→ Was bedeutet das für Sie?
→ Welche weiteren Bereiche würden Sie gern für sich und die anderen Ebenen entwickeln?

Bei der Anwendung der Tabelle können Sie sich fragen:
→ Welche nachhaltige Entwicklung möchte ich für mich persönlich?
→ Was genau bedeutet das für mich?
→ Welche Bedürfnisse stecken dahinter?
→ Welche nachhaltige Entwicklung stelle ich mir für meine Mitarbeiter vor?
→ Welche für mein Arbeitsumfeld?
→ Welche für meine Gemeinde, Stadt, mein Land, für Europa?

Tabelle 1: Vernetzt denken

Zielbereiche und -ebenen	ich selbst	Mitarbeiter	Arbeits- umfeld	Gemeinde, Stadt, Land, Kontinent	Welt
nachhaltige Entwicklung					
gesunder Wandel und Innovation					
kooperative Beziehungen					
Integrität und Engage- ment					
Fähigkeiten und Lernbe- reiche					
Gesundheit und Wohl- fühlen als Ressource					
Orientierung an Visionen					
Gesamtbild- Ansatz					

Anmerkung: Die Tabelle basiert auf einer Abbildung von Renée Moorefield (Vortragdokumentation anlässlich der ICF-Europa-Konferenz in Helsinki am 9. Juni 2007).[17]

→ Und welche für die ganze Welt?
→ Wie kongruent bleiben meine Antworten über die verschiedenen Ebenen?
→ Und was bedeutet das für mich?

Oder fragen Sie sich beispielsweise:
→ Welchen Stellenwert sollen in meinem Leben für mich persönlich Gesundheit und Wohlfühlen haben?
→ Welche Bedürfnisse stecken dahinter?
→ Welchen Stellenwert dieser beiden Ressourcen gestehe ich meinen Mitarbeitern zu?

→ Welchen Stellenwert sollen diese Ressourcen in meinem Arbeitsumfeld einnehmen, in der Gemeinde, Stadt, dem Land, in Europa, in der Welt?

Wieder können Sie Ihren Ideen und eigenen Vorstellungen von den Vorgaben freien Lauf lassen, um Ihr eigenes Zukunftsszenario zu entwerfen.

In einem zweiten Schritt überprüfen Sie wieder:

→ Welche Bereiche haben Sie für sich persönlich bereits entwickelt?

→ Wo sind bereits Grundlagen gelegt?

→ Welchen Aktivitäten gehen Sie jetzt schon nach, die Sie auch in Ihrer Zukunftswelt tun würden?

Fragen Sie sich über jede weitere Ebene:

→ Welche Elemente Ihrer Zukunftswelt existieren bereits in der Realität?

→ Welche Entwicklungen in der Gesellschaft spiegeln bereits jetzt Aspekte Ihrer Vision wider?

→ Welche Ansätze zu Ihrer idealen Gesellschaft gibt es bereits?

→ Woran können Sie anknüpfen?

Gibt es einen kleinen nächsten Schritt, den Sie noch tun können, um Ihrer Zukunftsvorstellung näher zu kommen?

→ Was könnte das sein?

→ Auf welcher Ebene müssten Sie anfangen?

→ Welche Ihrer persönlichen Stärken könnten Sie dafür nutzen?

→ Wen alles müssten Sie für diesen kleinen Schritt als Verbündete gewinnen?

→ Wann werden Sie diesen Schritt tun?

→ Wie ergänzt er Ihre Strategie oder Ihr Arbeitsprogramm?

Der Grundgedanke hinter der Aufteilung auf verschiedene Ebenen ist folgender: Wer beispielsweise das Bedürfnis hat, mit sich selbst pfleglich umzugehen, und auf seine Gesundheit achtet, sein Wohlfühlen sicherstellt, seiner persönlichen »nachhaltigen Entwicklung« nachkommt, das heißt, lebenslanges Lernen praktiziert und sein persönliches Wachstum fördert, der ist in der Regel auch bereit, all dies den anderen Ebenen zuzugestehen. Für ihn wird es womöglich ein wichtiges Anliegen sein, lernende, sich wohlfühlende, gesunde Mitarbeiter und ein gesundes Arbeitsumfeld zu haben. Er wird offen sein für Gesundheits- und Umweltbelange in Europa beziehungsweise auf seinem Kontinent und in der Welt. Diese Kongruenz über alle Ebenen hinweg ist ein wichtiger Bestandteil Ihrer persönlichen Authentizität und Glaubwürdigkeit.

Fazit

Wenn Sie sich – selbst spielerisch – mit Ihren Visionen beschäftigen oder Denkübungen für die Zukunft machen, tragen Sie dazu bei, den Entwicklungen eine Struktur zu geben. Sie ermöglichen sich proaktives Vorgehen und kommen darüber hinaus womöglich zu ganz neuen Einsichten und Ideen. Damit die Visionen nicht nur Utopie bleiben, können sie konkret hinterfragt und mit der Realität abgeglichen werden. Was bewegt sich bereits jetzt in den Gesellschaften? Woran kann Ihre Vision anknüpfen?

Wer mit seinen Visionen und Wertvorstellungen bei sich selbst ansetzt, um ihnen zunächst selber zu entsprechen, und wer sie erst dann auf andere Ebenen überträgt, der geht nicht nur ganzheitlich vor. Er ist auch authentisch und glaubwürdig und dient anderen als Vorbild.

Welche Politik? Teil 2: Sicht- und Denkmodelle probieren

Durch die wachsenden Verflechtungen wird das System Erde anfälliger für und bei Störungen. Zu Zeiten, wo Menschen auf einem Kontinent nichts von der Existenz von Menschen auf einem anderen Kontinent wussten, blieben menschliche Aktivitäten ohne bemerkenswerten Belang für Bevölkerungen am anderen Ende der Welt.

Heute ist das ganz anders. Unsere Denk- und Sichtweisen, Perspektiven und unser Analysieren haben sich allerdings noch nicht voll hierauf eingestellt und bleiben vielfach in mechanischen Modellen verhaftet. Aus dieser Sicht heraus können Geschehnisse im vernetzten Gewebe der Erde Angst auslösen, wenn sie mit Unvorhersehbarkeit, Chaos und Kontrollverlust assoziiert werden. Erweiterte Sicht- und Denkmodelle können dem Charakter von Verflechtungen eher gerecht werden.

Worum es geht

Inzwischen haben Sie immer konkretere Vorstellungen über die Ausrichtung Ihrer Politik. In diesem Abschnitt möchte ich Sie mit ein paar Denkweisen beziehungsweise Arten des Hinterfragens vertraut machen. Sie haben zum Ziel, Ihnen zu helfen, Ihre Denk- und Perspektivenoptionen zu erweitern und damit Ihre Handlungsoptionen. Zum anderen erlauben sie Ihnen immer wieder einen »reality-check«, der Ihnen hilft, konkrete Ansatzpunkte zur Umsetzung Ihrer Visionen, Ideen und Entscheidungen zu finden.

Vieles hiervon ist Ihnen sicher bekannt, aber womöglich nicht immer bewusst.

Die binär-lineare Sichtweise[18]

Die binäre Sicht auf die Wirklichkeit, das heißt, die Vorgänge in der Welt als Wenn-dann-Beziehungen oder auch als Ursache-Wirkung-Reihen zu sehen, hat der Menschheit zu vielen Neuerungen verholfen. Hier sei nur an die Ursprünge von Computern erinnert, ohne die wir uns heute unser Leben kaum noch vorstellen können. Der britische Naturwissenschaftler und Mathematiker Isaac Newton[19] und der französische Philosoph René Descartes[20] haben mit ihren Theorien maßgeblich dazu beigetragen, dass Generationen von Denkern, Forschern und wir Menschen überhaupt die Logik des gegenseitigen Ausschließens als die einzig richtige oder jedenfalls die wichtigste Sichtweise betrachteten. Kurz gesagt, beinhaltet diese Logik Methoden des Zerlegens und Zerteilens in Einzelheiten und die jeweilige Analyse der Einzelteile.

Folgt man dieser Logik, so gelangt man zu linearen Folgeketten der Auswirkungen irgendwelcher Ursachen. Sie stellt uns zudem Widersprüchliches als Dilemmata beziehungsweise als konträr einander gegenüberstehende unvereinbare Meinungen, Sachverhalte oder Ähnliches dar.

So nützlich diese Denkform auch gewesen sein mag und in bestimmten Fällen oder Bereichen sicherlich immer noch ist, so stellt sich doch die Frage, ob sie der globalisierten komplexen Welt von heute und morgen gerecht wird. Sie lässt die Rück- und Wechselwirkungen auf die Ursachen aus. Unbeachtet bleiben auch Phänomene, die der Konstruktivismus[21] beschreibt. Hierzu gehört, dass der Beobachter eines Geschehens erheblichen Einfluss nimmt auf das Geschehen selbst. Das bedeutet beispielsweise, dass wir Menschen uns durch unsere eigenen Sicht- und Denkweisen unsere eigenen Wirklichkeiten schaffen. Wir reagieren hierin auf unsere selbst interpretierten Wahrnehmungen. Das kann zur Folge haben, dass unsere Reaktionen mitunter gleichzeitig Ursache und Folge der Konstruktion unserer eigenen Wirklichkeit sind.

Der große Psychologe und Philosoph Paul Watzlawick hat anschaulich und humoristisch in seiner bekannten Geschichte mit dem Hammer[22] dargestellt, wie unsere Handlungen durch unsere selbst konstruierte Wahrnehmung gesteuert werden, was wie in dieser Geschichte zu absurden Reaktionen führen kann, die kein anderer versteht.

In Politik und Gesellschaft hat die binär-lineare Sichtweise in ihrem Dualismus auch zu Katastrophen geführt, zu Fanatismus und Totalitarismus, und tut dies leider noch heute allzu oft. Sie ermöglicht es, bestimmte Menschengruppen als die von der eigenen Gruppe ausgeschlossenen Feinde oder Gegner darzustellen, denen man sich selbst als die Guten oder Heilsbringer gegenüberstellt.

Die Methode, ein Problem dadurch zu lösen und eine Politik entsprechend so zu verkünden, dass ein Schuldiger für das Übel gefunden wird, verhilft selten zur Lösung. Die dahinterstehende Absicht mag sein, das Übel mit Stumpf und Stiel zu beseitigen. Diese simple Methode führt allerdings in einer komplexen Welt womöglich dazu, sich gleichzeitig auch um die Lösung für das Problem zu bringen.

Das systemische Denken oder das Denken in Netzwerken[23]

Der systemische Ansatz löst sich von der Enge des Wahr oder Falsch, des Schwarz oder Weiß, des Normalen gegenüber dem Unnormalen, der Ursache und Wirkung.

Vereinfacht ausgedrückt, werden nicht mehr A und B einzeln analysiert und als Folge womöglich C ausgemacht. Stattdessen werden A und B integriert und gleichwertig betrachtet, auch und gerade wenn sie einander zu widersprechen scheinen. Denn sie sind zwei Elemente derselben Realität. Dabei tritt eine dritte Dimension auf den Plan: Die Beziehung und Interaktionen zwischen A und B gewinnen an Bedeutung und werden zum Beobachtungsgegenstand. Mit diesem Blick gleichsam zunächst von oben und dann von innen zeigt sich auch, dass außer A und B noch andere Akteure im System beteiligt und womöglich Mitverursacher irgendwelcher wechselseitigen Auswirkungen sind.

Wenn wir als nächsten Schritt die Zweidimensionalität von »Flachland« verlassen, um auf das Beispiel in Kapitel »Wer hilft mir und wie baue ich mein Netzwerk auf?« zurückzukommen, wird der Beobachter von A und B zum Teilnehmenden am Gesamtsystem. Wichtig werden damit die Beziehungen zwischen allen. Rück- und Wechselwirkungen werden leichter erkennbar. Darüber hinaus kann hinterfragt werden, inwieweit der Beobachter selbst seine Umwelt prägt, ohne dass ihm dies vielleicht bewusst ist.

Wenn wir diese Sicht auf Gruppen, Länder, Ländergruppen und so weiter ausdehnen, zeigt das Beispiel von Island in Kapitel »Visionen in einer globalisierten Welt«, wie sehr Politiker und Bürger miteinander vernetzt sind. Wo die binäre Sicht den Problemverursacher sucht, findet die systemische Perspektive Lösungen. Wo die binäre Sicht Gräben schafft, baut die systemische Brücken.

Mit dieser Sichtweise werden also die Beziehungen zwischen den Menschen zur wichtigen Bezugsgröße, denn Akteure sind in der Regel Menschen (zumindest noch in den meisten Fällen). Gleichzeitig steigt damit der Stellenwert von Menschen als Akteure überhaupt und damit deren Bedürfnisse und Meinungen sowie vor allem die Qualität der Beziehungen zwischen Menschen. Es sind die Menschen, insbesondere Entscheidungsträger wie Sie, die es durch ihr Verhalten in der Hand haben, die Qualität von Beziehungen zu gestalten und damit auch die Qualität der Beziehungen innerhalb von und zwischen gesellschaftlichen Gruppen, Ländern und in der Welt insgesamt zu prägen.

Die Wahrscheinlichkeit der Umsetzung Ihrer Ideen und Ihrer Politik erhöhen Sie schon allein dadurch, dass Sie die anderen Akteure (und deren Bedürfnisse) von Anfang an mit einbeziehen in Ihre systemische Sicht. Abgesehen davon werden die anderen Akteure entgegenkommend sein, weil sie merken, dass sie und ihre Belange berücksichtigt und respektiert werden.

Systemisch vorzugehen bedeutet, mit entsprechenden Fragestellungen und Hinterfragungen zu arbeiten. Aus der vorangegangenen Übung »Vernetzt denken« wurden die Zusammenhänge zwischen dem Denken auf Ihrer individuellen persönlichen Ebene bis hin zur globalen Ebene bereits deutlich. Zusätzlich erleichtert die systemische Sicht, Zusammenhänge besser zu erkennen.

Jedem von uns stellt sich die Welt so dar, wie wir beschließen, sie zu sehen. Wir alle haben unsere Filter – aus unserer Erziehung, unseren Erfahrungen und so weiter, durch die wir uns die Welt interpretieren. Die systemische Sicht erlaubt und toleriert eine größere Vielfalt an Meinungen und Positionen, von denen die binäre Sicht ihrer Natur nach zahlreiche ausschließt. Wem es ernsthaft um Lösungen geht, dem ist mit dieser Sicht des kontinuierlichen Veränderns und damit des Lernens besser gedient, denn die Kenntnis alternativer Positionen erweitert den eigenen Handlungsspielraum und das Gefühl der Gemeinsamkeit erleichtert das Finden von Lösungen.

Mit der systemischen Sichtweise und ihren Fragestellungen können Sie auf der persönlichen Ebene anfangen und die Fragen über die verschiedenen Ebenen Ihrer Politikgestaltung hochbrechen.

Politik als Dualismus?

Die Politik ist vielfach auf dualistische Weise organisiert. Staaten verfügen über Regierung und Opposition. Parteiensysteme leben Abgrenzung und Division. Parlamente sind in Fachausschüsse aufgeteilt, Regierungen in Fachministerien. Aus dieser Struktur ergeben sich Abgrenzungen, wo in der Realität keine sind. In dem Beispiel der Fachausschüsse und Ministerien führt dies immer wieder zu Streitigkeiten um die Zuständigkeit für bestimmte politische Fragen. Die Suche nach Lösungen selbst gerät dabei erst einmal in den Hintergrund, bis die Frage der Zuständigkeit geklärt ist. All dies fördert das dualistische Denken.

Andererseits gibt es Gegenbewegungen, welche die Suche nach gemeinsamen Lösungen in den Vordergrund stellen. So haben sich beispielsweise die Ziele und Programme demokratischer Parteien mehr und mehr einander angenähert. Der Wille, Probleme gemeinsam zu lösen, hat zur Zusammenarbeit, etwa in großen Koalitionen oder gemeinsamen Arbeitsgruppen, geführt.

In den USA hat Präsident Barack Obama zwei republikanische Minister in sein demokratisches Kabinett aufgenommen. In einer parteipolitisch traditionell dualistischen Demokratie wird also bewusst die Zusammenarbeit gefördert, um zu integrieren und leichter gemeinsame Lösungen zu finden. In anderen Ländern wurden parteilose Experten als Minister in Kabinette aufgenommen. Ihr Fachwissen und ihre Erfahrung sollen unabhängig von der Parteizugehörigkeit helfen, Probleme zu lösen.

Ähnliches findet im Europäischen Parlament statt. Lösungen werden eher pragmatisch gesucht und meistens gefunden. Die Profilierung zwischen den großen Volkspartei-Gruppierungen tritt in den Hintergrund gegenüber der Suche nach politischen Lösungen.

Man hat zudem in den letzten Jahren Verfahren entwickelt, mit deren Hilfe die Fachausschüsse übergreifend besser zusammenarbeiten können, wenn die Fragestellung mehrere Fachbereiche betrifft, was in der Regel der Fall ist.

Bürger tragen in ihrem Wahlverhalten auch dazu bei, dass große Koalitionen und damit Formen der Zusammenarbeit zwischen verschiedenen Parteien stattfinden. In den vergangenen Jahrzehnten haben sich zudem überall zahlreiche Nichtregierungsorganisationen gebildet, in denen sich Menschen engagieren möchten für gesellschaftliche Fragen. Auf diese Weise nehmen sie an politischen Prozessen teil. Alle wollen schließlich dasselbe, nämlich gesellschaftliche Probleme lösen beziehungsweise unsere Gesellschaften bestmöglich weiterentwickeln.

Die den Dualismus und sein Denken fördernden Strukturen
werden verändert, um ein größeres Spektrum an Sachlösungen zu
erlauben. Gesellschaftliche Probleme kümmern sich nicht um die
Grenzen zwischen politischen Parteien, Ministerien oder Fachausschüssen und lassen sich hierdurch nicht begrenzen. Umgekehrt
aber können diese Grenzen die Möglichkeiten, Lösungen zu finden,
beschränken. Systemisches Denken öffnet den Horizont für zusätzliche Handlungsoptionen.

Hamsterrad versus System

Eine Politik, die den Ereignissen hinterherläuft und bemüht ist, überall Brandherde zu löschen, ist eine reaktive Politik, eine Politik ohne
eigene Inhalte und ohne Visionen. Politiker, die ihre Politik auf diese
Weise gestalten, sind noch in ihrem sprichwörtlichen Hamsterrad
gefangen und laufen um die Wette.

Die Gefahr besteht, dass sie aus Mangel an Reflexion auf die ein-
fachste Methode zurückgreifen, nämlich andere Akteure, etwa die
politischen Gegner oder die Wirtschaft, für gesellschaftliche Probleme verantwortlich zu machen.

Neben der Tatsache, dass damit noch keinerlei Lösung in Aussicht
ist, besteht eine weitere Gefahr, nämlich dass »Hamsterrad-Politiker«
öffentlich als schwach und einflusslos wahrgenommen werden. Folgen hiervon können sein: Politikverdrossenheit der Bürger und –
was noch schlimmer ist – der Ruf nach einer starken Hand und die
Förderung extremistischer Gruppierungen.

Statt der Frage, wer Recht oder wer Unrecht hat, fördern systemische Fragen unser Lernen dadurch, dass sie anregen zu untersuchen,
was zur aktuellen Situation geführt hat und welche Entscheidungen
und Aktivitäten zu einer besseren Situation geführt hätten und in
Zukunft führen können.

▓ Übung: Den systemischen Blick schärfen[24]

Sie wissen, welche Art von Politiker Sie sein möchten, und sind
dabei, eine charismatische Persönlichkeit zu werden. Sie haben sich

organisiert und klare Visionen für Ihre Politik, für die Gesellschaft und die Welt. Damit sind Sie stark.

Wie können Sie Ihre Politik des vernetzten systemischen Denkens entwickeln, die immer wieder Visionen mit einschließt und damit für die Menschen interessant und spannend ist? Und wie könnten Sie die Bürger, ihre Organisationen und ihre Ziele hieran beteiligen und hierin einschließen?

Ein paar weitere systemische Einstiegsfragestellungen wären etwa folgende, insbesondere bei widersprüchlichen Anforderungen an die Politik können Sie fragen:

→ In welcher Beziehung stehen die unterschiedlichen Forderungen zueinander?
→ Unabhängig von den einzelnen Forderungen, was soll mit den künftigen politischen Lösungen auf jeden Fall gesichert werden? Und was noch?
→ Welche weiteren Möglichkeiten gibt es, dies sicherzustellen?

In Kapitel »Wer hilft mir und wie baue ich mein Netzwerk auf?« habe ich die Netzwerkperspektive vorgestellt, die es Ihnen erlaubt, sich selbst als Teilnehmer zu sehen im Rahmen des Systems, in dem politische Entscheidungen anstehen.

Fragen nach Visionen haben immer einen Zukunftsbezug. Fragen nach dem System und der systemischen Dynamik verlangen das Innehalten und die Beobachtung im Hier und Jetzt.

Gehen wir zum Beispiel des Weltklimagipfels von Kopenhagen im Dezember 2009 zurück. Die Grundfrage hier ist: Was bringt beinahe alle Länder der Welt friedlich hierher, um gemeinsame Lösungen zu finden? Es ist die Frage nach der Motivation. Es wäre bedauerlich, wenn so etwas nur zur Verhinderung von die gesamte Menschheit betreffenden Katastrophen funktioniert. Versuchen Sie, die Frage nach den Motivationen für eine kreative, konstruktive Politik zu nutzen!

In den ersten Tagen des Klimagipfels berichteten verschiedene Teilnehmer über die mitunter mystische, angenehme und Einigkeit fördernde Stimmung des Gipfels. Ähnliches berichteten Menschen, die an der Nationalversammlung in Island teilnahmen. Aufbruchstimmung und Optimismus seien zu spüren gewesen.

Sicherlich kennen auch Sie das Phänomen, das nur in Interaktion mit anderen Menschen entsteht. Die Teilnehmer schwingen gleichsam die gemeinsame Energie auf höhere Ebenen hinauf und sind freudig motiviert, selbst schwierige Arbeiten anzugehen.

Fragen Sie im Rahmen Ihres Systems: Was sind die sinnstiftenden Elemente, die von allen Systemteilnehmern geteilt werden? Aufbauend hierauf: Welche Faktoren tragen zur Stimmung im »System« bei, und durch welche Schritte kann eine das »System« stützende Stimmung entwickelt und gefördert werden? Üben Sie, Ihren Blick auf das Ganze zu schärfen!

Oft sind innovative Lösungen gefragt. Innovation erfolgt durch Information aus neuen Verbindungen oder durch Verknüpfung bislang getrennt erlebter Wissens- oder Erlebensbereiche. Wer im Rahmen Ihres Systems kann neue relevante Informationen beitragen? Können Sie andere Systeme anzapfen, um neue Informationen abzurufen? Welche könnten das sein?

Für die Umsetzung Ihrer Politik geht es darum: Wie können Sie systemisch oder global denken und vor Ort, egal auf welcher Ebene Ihr Einfluss liegt, handeln?

Fazit

Systemische Denkansätze erweitern Ihre Handlungsoptionen und die Realisierbarkeit Ihrer Ideen. Sie tun dies, weil Sie – anders als beim binär-linearen beziehungsweise dualistischen Denken – eine größtmögliche Anzahl von Akteuren und Optionen in Ihre Überlegungen aufnehmen und weil Sie sich selbst als Teilnehmer am Gesamtsystem sehen.

Es sind Ansätze, die versuchen, einer sich stets stärker vernetzenden Welt besser gerecht zu werden, sie besser zu verstehen und sanfter mit ihr umzugehen. Auch wenn die Politik traditionell eher dualistisch geprägt ist, wird ihr in ihrer Komplexität ein systemischer Ansatz eher gerecht.

Wann immer die Europa-Abgeordnete Juanita eine politische Linie erarbeitete, fragte sie Abgeordnete aus anderen Ländern und anderen

Fraktionen, wie sie die entsprechende Situation sehen und beurteilen. Sich selbst bezeichnete Juanita als neugierig auf andere Sichtweisen. Auf meine Frage, wie sich dies mit ihrer parteipolitischen Richtung vereinbaren lasse, meinte sie: »Die habe ich natürlich, aber durch mein Fragen lerne ich mitunter Sichtweisen kennen, auf die ich im Leben nicht gekommen wäre. Und wenn mich dabei ein paar Punkte überzeugen, weil sie meine Arbeit bereichern, nehme ich sie gerne auf. Dabei lerne ich immer wieder dazu.«

Die systemische Sicht auf Prozesse in der Welt trägt womöglich zur Neugier auf das Andersartige und damit zu Toleranz und Frieden bei.

Wie setze ich meine politischen Vorstellungen um? Ergebnisse erzielen!

Nadia war Vorsitzende einer sogenannten Interparlamentarischen Delegation des Europäischen Parlaments, die Arbeitsverbindungen zu afrikanischen Ländern unterhält. Alle zwei Jahre reisen Mitglieder dieser Delegation zu Gesprächen in die betreffenden afrikanischen Länder.

Da die Anzahl der Teilnehmer an diesen Reisen begrenzt ist, hatte Nadia einem Abgeordneten-Kollegen die Teilnahme strittig gemacht zugunsten eines Politikers, der im Rahmen dieser Delegation wesentlich aktiver mitgearbeitet hatte. Nun sprach der zurückgewiesene Abgeordnete nicht mehr mit ihr. Für Nadia, der immer sehr an harmonischen Beziehungen gelegen ist, war diese Situation schwer erträglich. Deshalb befasste sie sich hiermit in der Coaching-Sitzung.

In einem ersten Schritt kümmerte sie sich um ihre eigene Psychohygiene. Ich fragte Nadia, welche Personen und welche Mittel ihr normalerweise zur Verfügung stünden, um sich selbst wieder in eine bessere Stimmung zu bringen. Es stellte sich heraus, dass Nadia entsprechende Menschen und Wege kannte, die sie nutzen würde.

In einem zweiten Schritt widmeten wir uns ihrem Ziel, den Kontakt zu dem betreffenden Parlamentarier wieder herzustellen. Auch hierzu erarbeitete Nadia sich ihren ganz persönlichen und – wie ich fand – äußerst eleganten Weg, den der Kollege ohne Gesichtsverlust und anerkennend annahm.

Worum es geht

Persönliche kleine Angelegenheiten wie obiges Beispiel gehören genauso zum politischen Kommunikationsalltag wie die großen bis hin zu internationalen Verhandlungen. Auf allen Ebenen sind zwischenmenschliche Kooperation, Einfühlungsvermögen und Verhandlungsgeschick gefragt, wenn man erfolgreich sein beziehungsweise erfolgreich Politik gestalten will.

Verhandlungen sind das Hauptwerkzeug der Politik. Sie erfordern Kommunikation. Im internationalen Umfeld wird besonders deutlich, wie komplex Kommunikation sein kann. Denn hier treffen Kulturen aufeinander und damit verschiedene Sprachen, jeweils geprägt vom eigenen kulturellen Verständnis mit unterschiedlichen Vorstellungen und Begriffen vom Umgang miteinander, vom Einsatz der Sprache und des Humors, und vieles mehr, was sich voneinander unterscheidet. Bei den vielen Quellen, die Ursprung für Missverständnisse sein können, ist es immer wieder erstaunlich, wie viel Einigung in internationalen Verhandlungen zustandekommt!

In diesem Kapitel können Sie sich mit Ihrem eigenen Kommunikations- und Verhandlungsstil befassen. Sie können ihn weiterentwickeln, um sich auf allen Ebenen und in den verschiedensten Situationen sicher zu fühlen mit Ihrer Verhandlungskompetenz. Ihre Grundwerte, Ihre Persönlichkeit als Politikerin oder Politiker, Ihre Authentizität verhelfen Ihnen zu der Stärke, die Sie für Ihre Kommunikation benötigen.

Unabhängig von der Landessprache weist die Sprache in der Politik besondere Eigenheiten auf. Überlegen Sie sich, ob und inwiefern dieser Sprachgebrauch für Sie, für Ihre Arbeit, Ihre Ziele und Ihre Person nützlich ist. Im nächsten Kapitel werde ich hierauf zu sprechen kommen.

Im Europäischen Parlament

»Parlament« und keiner hört zu?

Der Begriff »parlement« kommt aus dem Altfranzösischen und bedeutet »Unterredung«, »Reden«. Da kommt die Frage auf: Und wer hört dann noch zu?

Der Eindruck mangelnden Zuhörens kann mitunter tatsächlich in einigen der Sitzungen im Europäischen Parlament aufkommen: Menschen laufen herum, flüstern miteinander, gehen ein und aus, während irgendjemand ins Mikrofon spricht. Diese Situation reflektiert allerdings nur zum Teil die überwiegende Redekultur von Politikern. Die andere Seite der Medaille ist, dass manche Sitzungen der Ort sind, wo man die vielbeschäftigten Europa-Abgeordneten findet, wenn man sie dringend sprechen möchte. Deshalb kontaktiert man sie dort.

Dennoch ist die Zuhörkultur in der Politik nicht so stark entwickelt wie die Redekultur.

Kulturelle Anpassung

Die Vielfalt der Fremdsprachen und politisch-kulturellen Hintergründe, aus denen die Abgeordneten kommen, scheinen jedoch diese Politiker zu sensibilisieren, genauer hinzuhören und nachzufragen, als dies auf nationaler Ebene Usus zu sein scheint.

Einige Abgeordnete erzählten mir, sie seien mit Schwung, die Welt zu verändern, ins Europäische Parlament gekommen. Nach kurzer Zeit hätten sie gemerkt: Andere wollen das auch, allerdings in eine andere Richtung oder auf ganz andere Art und Weise! Der Schwung wird abgebremst und ein Lernprozess tritt ein. Er kann mit anfänglicher Kritik und innerer Abwehr beginnen. »Hier läuft alles falsch. Warum läuft es nicht wie bei uns daheim?« In den meisten Fällen überwiegt die Neugier, von den anderen dazuzulernen. Die Erkenntnis, dass andere Sichtweisen nicht Opposition zur eigenen sind, sondern aus der anderen Kultur resultieren, macht oft Lust auf mehr. So sagte mir die spanische Abgeordnete Corazón, mit ihrer Vielfalt sei die internationale Ebene derart interessant, dass sie geradezu süchtig mache. Auf diese Weise führt dies langsam zur Anerkennung der

Andersartigkeiten, zum Wandel der eigenen Sichtweisen und zur Änderung des eigenen Verhaltens. All das erhöht die Wahrscheinlichkeit, in Verhandlungen zu einer Einigung zu gelangen.

Warum viele Europa-Politiker die Bereitschaft entwickeln, ihren eigenen Durchsetzungsschwung zurückzunehmen, erklärte Paul, ein britischer Parlamentarier, so: In ihrer politischen Arbeit können sie auf diese Weise eine friedlich erzielte und noch dazu international gültige Lösung erreichen, welche auf die eigene Initiative zurückgeht. Das erfüllt viele mit Freude. Ein paar Abstriche nimmt man dann gern in Kauf, zumal man außer dem Kompromiss noch neue Einsichten hinzugewonnen hat.

▓ Übung: Selbstmanagement und emotionale Intelligenz

Diese Erfahrung aus dem Europäischen Parlament wird bestätigt durch die Forschung. David Trickey und Nigel Ewington[25] aus Großbritannien untersuchen Kompetenzen und Werte von internationalen Führungskräften und haben ihre Ergebnisse verglichen mit Werten und Fähigkeiten nationaler Führungskräfte. Sie haben dabei Unterschiede festgestellt, die sie »push«- und »pull«-Kompetenzen nennen.

Grob gesagt heißt dies, dass national aktive Manager Fähigkeiten bevorzugen, die es ihnen ermöglichen, aktiv ihre Vorschläge weiterzutreiben. Dabei werden die inneren Vorstellungen und Gedankengänge so klar wie möglich dargelegt (»push out«). Ziel ist, den anderen die eigene Position begreiflich zu machen, um sie hiervon zu überzeugen. Das Vorgehen ist direkt. Man will sich nicht vom Ziel ablenken lassen. Dieser Ansatz geht also von innen nach außen. Zu den bevorzugten Fähigkeiten und Werten gehören beispielsweise innere Stärke, Zielorientierung, Belastbarkeit und Bewältigungsfähigkeit.

Im Gegensatz dazu halten Führungskräfte, die längere Zeit im internationalen Kontext tätig sind, »pull«-Kompetenzen für erfolgversprechender. Dem geht meist die Erfahrung voraus, dass obiger Ansatz im multikulturellen Umfeld nicht wirklich funktioniert hat. »Pull«-Kompetenzen setzen bei den Verhandlungspartnern an und ziehen (»pull«) deren Sichtweisen und deren Welt in die eigene. Ziel ist dabei, die eigene Sichtweise auf diesem Wege zu erweitern und hinzuzulernen. Anschließend sollen Win-win-Lösungen zum Verhandlungserfolg führen. Dieser Ansatz geht also eher von außen nach innen. Zu den für wichtig erachteten Fähigkeiten und Werten gehören hierbei beispielsweise Offenheit gegenüber Fremden, Akzeptanz, flexibles Urteilsvermögen und flexibles Verhalten.

Emotionale Intelligenz

Die Untersuchungsergebnisse von Trickey und Ewington spiegeln wider, was auch der systemische Denkansatz bestätigt (→ siehe Kapitel »Sicht- und Denkmodelle probieren«). Je unterschiedlicher die involvierten Akteure sind, desto komplexer wird die Situation. Wenn man sich auf die Beziehungen zwischen ihnen konzentriert statt auf die einzelnen Akteure und ein Gespür für die Atmosphäre in der Verhandlungsrunde entwickelt, fällt es leichter, Handlungsoptionen und damit Kompromisse zu finden. In diesem Zusammenhang war auf die große Bedeutung der zwischenmenschlichen Beziehungen und Netzwerke und deren Qualität hingewiesen worden.

Zahlreiche Forschungen zu funktionierendem Management, erfolgreichen Verhandlungen und Wandel verweisen auf die emotionale Intelligenz als Erfolgskonzept. Einer der Vorreiter dieser Untersuchungen, der amerikanische Psychologe Daniel Goleman, beschreibt, warum diese Intelligenz so wichtig ist im zwischenmenschlichen Umgang überhaupt und eben auch in Verhandlungen.[26]

Das limbische System, welches die Überlebensreflexe und Emotionen steuert, ist sehr viel älter und stärker als das denkende Gehirn des Menschen, der vordere Gehirnlappen. Die Annahme, dieses System könne einfach ausgeschaltet werden, weil die Verhandlungssituation keine Emotionen zulasse, wird dem Menschen nicht gerecht. Es geht also darum, »intelligent« mit den Emotionen umzugehen – und zwar zunächst mit seinen eigenen sowie dann mit denen anderer Menschen.[27]

Zuhören: Der Schlüssel zur emotionalen Intelligenz

Die amerikanischen Coaches Sam House und Anne Fifield sehen als Schlüssel zur emotionalen Intelligenz das Zuhören.[28] Sie schlagen eine Übung vor, die ich Ihnen gern vorstellen möchte. House und Fifield teilen das Zuhören in drei Ebenen ein.

Ebene 1: Wenn Sie auf der ersten Ebene zuhören, sind Sie auf sich selbst konzentriert, auf Ihre Werte und Ihre Gedanken. Sie haben hier Zugang zu Ihren Intuitionen.

Probieren Sie es aus. Denken Sie an eine schwierige Situation und fragen Sie sich: Was will ich? Nun hören Sie Ihren inneren Gedankengängen zu. Achten Sie auf Ihren Körper: Welche Auswirkungen haben Ihre Gedanken auf Ihren Körper? Welche Gefühle kommen auf? Achten Sie bei Ihrem nächsten Gespräch darauf, ob und wie sehr Ihre Gedanken um Ihre eigenen Ideen kreisen.

Ebene 2: Für politische Führung reicht Ebene 1 nicht aus. Menschen wollen den Dialog mit Politikern. Auf der zweiten Ebene konzentriert sich das Zuhören voll auf den Gesprächspartner und dessen Ideen. Hier haben Sie Zugang zu Ihrer Empathie.

Probieren Sie auch dies aus: Geben Sie dem Gesprächspartner wieder, was Sie gerade von ihm gehört haben. Achten Sie darauf, ob und wie sehr Sie diese Person verstanden haben. Üben Sie, Anerkennung zu geben. Gehen Sie in sich und prüfen Sie, was Sie an Ihrem Gesprächspartner wirklich berührt. Es kann eine Kleinigkeit sein. Oder vielleicht hat er Sie inspiriert? Nun sagen Sie der Person in Ihrer vollen Überzeugung, was Sie berührt hat. Achten Sie auf die Reaktion.

Ebene 3: Diese Ebene des Zuhörens bezieht eine weitere Dimension mit ein. Außer Ihnen selbst und dem Gesprächspartner ist dies die Umgebung. Hierzu gehören der Raum, Hintergrundgeräusche und vor allem die Stimmung und die Energie der Emotionen der Menschen im Raum. Auf dieser Ebene des Zuhörens haben Sie Zugang zu Ihrem Instinkt. In ihrer Ganzheitlichkeit entspricht diese Ebene des Zuhörens der Netzwerkperspektive des Wahrnehmens und Sehens.

Auch dies können Sie üben: Wenn Sie Menschen zuhören, versuchen Sie hinter ihren Worten ihre Emotionen zu erspüren. Wie passt das, was sie sagen, zu ihren Emotionen? Was sagen sie möglicherweise nicht? Seien Sie neugierig: Was spielt sich sonst noch im Raum ab – neben der offensichtlichen Interaktion zwischen den Menschen? Hören die Menschen zu oder sind sie unruhig? Machen Sie sich die Umgebung bewusst und schauen Sie, welche Informationen Sie auf diese Weise hinzugewinnen. Starke Führungskräfte hören auf der dritten Ebene zu. Sie reagieren authentisch auf das, was sie im Raum hören und spüren.

Übung: Das Harvard-Konzept für erfolgreiches Verhandeln

Zuhören ist die eine, Reden und Antworten die andere Seite der Medaille. Die Qualität der Kommunikation bestimmt das Verhandlungsergebnis.

Machtvoll ist das kleine Wort »und« anstelle von »aber«. Wieder einmal geht es um das »Dazwischen«, das heißt, um die Beziehungen zwischen verschiedenen Standpunkten. Mit »und« bauen Sie Brücken zwischen Ihren Positionen und denen der Verhandlungspartner. Wiederholen Sie seine oder ihre Position, gerade wenn Sie ihr nicht zustimmen, und fügen Sie Ihre Position mit einem »und« an. Hiermit signalisieren Sie nicht nur Verhandlungsbereitschaft, sondern auch die Offenheit, überprüfen zu wollen, ob beide Positionen gegebenenfalls irgendwie miteinander zu vereinbaren sind. Es erlaubt Ihnen auch, die Beziehungen zwischen beiden zu betrachten, um zusätzliche Erkenntnisse zu gewinnen. Vom Dualismus der Meinungen machen Sie den Raum auf für die systemische Sichtweise, welche die Palette der möglichen Handlungsoptionen erweitert.

Eines der Modelle, die ich im Coaching benutze, ist das Konzept der Harvard-Universität zur Verhandlungstechnik.[29] Es macht zunächst einige technische Vorschläge für erfolgreiches Verhandeln.

→ Die Interessen der Einzelnen und nicht die Positionen sind in den Mittelpunkt der Verhandlung zu stellen: Welche Interessen und Bedürfnisse der Verhandlungspartner müssen erfüllt sein? Statt: Welche Meinungen vertreten sie?

→ Schon vor der Verhandlung sollen Wahlmöglichkeiten entwickelt werden: Welche verschiedenen möglichen Lösungen sind für Sie denkbar? Sollten Ihnen bereits einige der Interessen der Verhandlungspartner bekannt sein, welche Anteile hiervon können Sie in Ihre Lösungsoptionen einbeziehen?

→ Das Verhandlungsergebnis soll auf objektiven Entscheidungskriterien basieren: Welche objektiven Bewertungskriterien können für das Ergebnis herangezogen werden, auf die sich alle einigen können?

Wie alle neueren Forschungsansätze bezieht auch das Harvard-Konzept nunmehr die emotionale Intelligenz ein. Wie bereits dargestellt, gehören Emotionen zum Menschsein, sind stärker und schon viel länger im Gehirn verankert als der fürs logische Denken zuständige Teil und können deshalb nicht einfach ausgeschaltet werden.

Anstatt die Emotionen auszuschalten, bringen Sie sie bewusst und gezielt in die Verhandlungen mit ein. Anstatt sich also ganz auf die Ratio zu konzentrieren, können Sie zu Beginn einer Verhandlung positive Emotionen stimulieren, um eine gute Ausgangsstimmung zu erzeugen.

Das Konzept schlägt weiterhin vor, Wertschätzung und Verbundenheit auszudrücken. Wenn Ihre Verhandlungspartner sich respektiert und ernst genommen fühlen, haben Ihre Verhandlungen sehr viel mehr Aussicht auf Erfolg. Gibt es etwas an Ihrem Verhandlungspartner, das in Ihnen ehrliche Bewunderung auslöst – selbst wenn dieser Verhandlungspartner eine schwere Kost für Sie darstellt?

Ein weiteres Kriterium ist die Autonomie der einzelnen Teilnehmer. Gestehen Sie sich und den anderen zu, an den einzelnen Entscheidungen mitzuwirken oder auch nicht.

Status und Rolle sind ebenfalls zu beachten. Erkennen Sie an, wenn sich jemand wegen seiner Expertise am besten auskennt von allen Verhandlungspartnern, beziehungsweise wertschätzen Sie seine Rolle oder seinen spezifischen Beitrag in der Verhandlung.

Übung: Die gewaltfreie Kommunikation

Im Falle von Konflikten zwischen Menschen schlage ich das Konzept der gewaltfreien Kommunikation vor. Es wurde von dem amerikanischen Psychologen und Direktor des internationalen Zentrums für gewaltfreie Kommunikation, Marshall Rosenberg,[30] entwickelt. Im Coaching spiele ich das Konzept intensiv mit dem Klienten durch. Hierbei kann er sich seiner eigenen Empfindungen und seines eigenen Verhaltens bewusst werden. Seine persönlichen Gefühle und gegebenenfalls Verletzungen können gewürdigt werden. An dieser Stelle möchte ich Ihnen das Modell lediglich kurz beschreiben.

Es ist komplexer, aber im Großen und Ganzen durchläuft es die folgenden vier Schritte der Kommunikation: Beobachtungen, Gefühle, Bedürfnisse und Bitte um konkrete Handlungen.

Beschreiben Sie der Person, mit der es einen Konflikt gibt, welches Verhalten Sie beobachten, ohne die Person dabei anzuklagen. Dann teilen Sie der Person mit, wie Sie sich dabei fühlen beziehungsweise welche Gefühle dieses Verhalten bei Ihnen auslöst. Fragen Sie sich, welche Bedürfnisse hinter Ihren Gefühlen stecken, und teilen Sie dies der Person mit. Abschließend bitten Sie die Person um eine für beide Seiten bereichernde Handlung, was beispielsweise eine Verhaltensänderung sein könnte.

Angenommen, Ihr Mitarbeiter hat bereits mehrfach Aufgaben, die Sie ihm zugeteilt haben, nicht erledigt. Nach dem Modell der gewaltfreien Kommunikation könnte im Idealfall Ihr Anteil an dem Gespräch mit ihm in etwa so ablaufen:

→ Beobachtung: »Die letzten drei Male, nachdem ich dir eine dringende Aufgabe zugeteilt habe, sagtest du, du seiest nicht dazu gekommen, sie zu erledigen.«

→ Gefühle: »Wenn dringende Aufgaben nicht erledigt werden, macht mich das nervös und unruhig, und ich befürchte, unser Büro ist den Anforderungen nicht gewachsen.«

→ Bedürfnisse: »Das nimmt mir viel Mut und Energie, denn ich wäre gern schon einen Schritt weiter mit den erledigten Aufgaben. Ich brauche das Zutrauen, diesem Amt gewachsen zu sein.«

→ Bitte: »Deshalb möchte ich dich bitten, dass du die Dinge, die ich dir auftrage, zuerst erledigst. Sollte dies aus irgendwelchen Gründen nicht möglich sein, möchte ich dich bitten, mir dies frühzeitig mitzuteilen, damit wir sonstige Abhilfe schaffen können.«

In Konflikten ist es auch hilfreich, wenn Sie sich wieder auf Ihre innersten Werte und Ihre persönlichen Stärken berufen. Überlegen Sie sich: Worauf können Sie sich in herausfordernden Situationen immer verlassen? Woran erkennen Sie, dass es funktioniert?

Übung: Ihr Umgang mit den Medien

Für Politiker gibt es spezifische Medientrainings. Ein Coach steht Ihnen persönlich zur Seite. So können Sie mit ihm Ihre ganz individuellen Anliegen hinsichtlich Ihrer Kontakte zu den Medien besprechen und bearbeiten.

Karin hatte den Eindruck, in öffentlichen Gesprächsrunden und Talkshows nicht schnell genug antworten zu können. Häufig preschte ein Gesprächspartner einer anderen Partei mit seiner Antwort auf die Fragen der Journalisten vor und kam ihr damit zuvor. Sie befürchtete, als jemand angesehen zu werden, der keine Antworten auf die brennenden Fragen der Zeit hat. Andererseits wäre ihr etwas Bedenkzeit für wichtige aktuelle Fragen lieber als die vorschnellen Antworten. In dem Falle würden ihr aber immer wieder politische Gegner zuvorkommen.

Im Coaching erarbeitete Karin sich eine Replik, die genau dies ansprach, nämlich dass ihrer Meinung nach wichtige Belange wohl durchdacht werden müssten und nicht mit irgendwelchen schnellen Reaktionen gelöst werden können. Allein mit dieser Replik schaffte sie sich ein wenig Bedenkzeit, um ihre Positionen anschließend näher ausführen zu können. Wenn sie noch keine abgeschlossene Meinung zu einem Thema hatte, so scheute sie sich nicht, auch dies auszusprechen. Dazu zählte sie die Aspekte auf, die bei einer abschließenden Lösung bedacht werden müssten.

Auf diese Weise erreichte Karin Mehreres: Sie blieb authentisch und sie ermöglichte, dass sich die Debatte weiterentwickeln konnte, indem andere die einzelnen von ihr aufgeführten Aspekte aufgriffen und ihrerseits dazu Stellung nahmen. Zudem bewies sie, dass sie sich bereits eingehend mit der Thematik auseinandergesetzt hatte.

→ Was sind Ihre Ziele bezüglich der Medienresonanz Ihrer politischen Arbeit?

→ Welche Qualität von Beziehungen zu den Medien und Medien-
vertretern wünschen Sie sich?

→ Wie stellen Sie diese Kontakte proaktiv selbst her?

▦ Übung: Interkulturelles Wahrnehmen

Zwischenmenschliche Konflikte entstehen unter anderem durch
Missverständnisse. Insbesondere in einem Umfeld, in dem verschiedene Kulturen zusammenarbeiten, kommt dies immer wieder vor.
Man geht für gewöhnlich von seinem eigenen Erfahrungshinter-
grund aus und interpretiert Situationen und das Verhalten anderer
entsprechend aus dieser Perspektive.

Menschen aus anderen Kulturen kommen aus völlig anderen
Hintergründen und interpretieren ebenfalls aus ihrer Sicht. Wer
Offenheit mitbringt und Neugier auf das Andersartige, dazu Humor,
tut sich leichter, mit interkulturellen Missverständnissen umzugehen.
Wer sich im Stress und unter Arbeits- und Belastungsdruck fühlt,
hat es dagegen schwerer.

Verschiedene Wissenschaftler haben Parameter erarbeitet, an denen
sich Kulturen unterscheiden.[31] Eines davon ist der Faktor Zeit. Die
einen sagen: »Zeit ist Geld.« Damit wird die Zeit messbar und sie
wird umsichtig investiert, um einen größtmöglichen Gewinn, das
heißt »Arbeitserfolg«, zu erzielen. Für andere dagegen ist Zeit eine
grobe Richtlinie, eine Dimension, die es ermöglicht, sich innerhalb
eines Zeitfensters zu treffen.

Der Europa-Abgeordnete Johann erzählte mir, ihm, der für
gewöhnlich pünktlich sei, bereite es Stress, immer auf andere warten
zu müssen. Was hätte er alles in dieser Zeit schon erledigen können!
Nun dürfen Sie raten, aus welcher Kultur Johann wohl kommt!

Hierarchien gegenüber flachen Entscheidungsstrukturen stellen ein weiteres Parameter dar. Wo die einen die Absegnung jedes
Gedanken über die verschiedenen hierarchischen Stufen erwarten,
ergreifen die anderen die Initiative und entscheiden selbst.

Einen dritten Bereich möchte ich Ihnen beispielhaft vorstellen,
nämlich die Kommunikationsmuster. Während die einen die Kraft des
Ausdrucks in der Kürze, Bündigkeit und Direktheit ihrer Darlegung

sehen, sind andere es gewohnt, sich mit ausgewählter Poesie und indirekteren Andeutungen verständlich zu machen. Man kann sich vorstellen, dass sich der Einzelne womöglich provoziert fühlt durch den jeweils anderen, wenn er seine eigenen Verhaltensmaßstäbe als die einzig richtigen oder die einzig ihm bekannten zugrunde legt.

Es ist nicht immer leicht zu erkennen, wann Spannungen und Missverständnisse einen kulturellen Hintergrund haben und wann nicht. Ein erfahrener Coach kann Ihnen helfen, dies herauszufinden und mit Ihnen einen produktiven Umgang hiermit zu entwickeln.

Wenn Sie mit bestimmten Verhaltensweisen Ihrer Verhandlungspartner nur schwer klarkommen, stellen Sie sich folgende Fragen mit dem Ziel, die Zusammenarbeit zu erleichtern:

→ Welche Einstellung haben Sie zu dem anderen Verhalten?
→ Angenommen, genau dieses Verhalten habe einen positiven Nutzen, welcher könnte das sein?
→ Wie könnten Sie selbst von diesem Nutzen profitieren?
→ Gibt es irgendetwas, das Sie an dieser anderen Kultur oder diesem anderen Verhalten eher leicht akzeptieren können?
→ Was könnten Ihre persönlichen Lösungsansätze sein, diese spezifischen kulturellen Unterschiede zu überbrücken?
→ Wie gelingt es Ihnen, Zugang zu jenen Aspekten der anderen Kultur zu bekommen, die Ihnen gegen den Strich gehen?

Übung: In Netzwerken verhandeln

Was kann die Netzwerkperspektive Ihrem Verhandlungsgeschick noch hinzufügen? Wenn Sie die Netzwerksicht einnehmen, gehen Sie davon aus, dass alle Verhandlungspartner, einschließlich Sie selbst, ein erfolgreiches Ergebnis, einen erfolgreichen Wandel oder eine Veränderung wünschen.

Fragen Sie sich: Was ist für uns Teilnehmer von besonderer Bedeutung? Welche Themen (positive und negative) erzeugen die meiste Energie? Welche Fragen erhalten die ungeteilte Aufmerksamkeit von uns allen? Welche Muster – von Themen, Initiativen, Wünschen, Bestrebungen – zeichnen sich ab?

Aus dieser Sicht arbeiten Sie *mit* den unterschiedlichen Sichtweisen und Interpretationen der Teilnehmer statt *gegen* zumindest einen Teil davon. So wie die Europa-Abgeordnete Juanita ihre Neugier auf andere Meinungen und Kenntnisse beschrieb, erfragen Sie bewusst die unterschiedlichen Sichtweisen der Teilnehmer. Sehr wahrscheinlich lässt sich auf diese Weise eine alle verbindende Energie, ein Muster herausfiltern, welches die Schleusen hin zu einer gemeinsamen Lösung öffnet.

Der Hintergrund ist wieder, dass jeder, der sich gehört, gewürdigt und in den Entscheidungsprozess einbezogen fühlt, nicht nur aktiver an der Lösung mitwirken wird, sondern sie auch noch in voller Überzeugung mittragen und ausführen kann.

Die Netzwerkperspektive richtet sich auf Prozesse statt auf die einzelnen Teilnehmer. Vereinfacht ausgedrückt geht es darum, Gleichgesinnte zu erkennen und zu finden, statt Andersdenkende zu überzeugen. Dafür ist es erforderlich, die Gemeinsamkeiten und gemeinsamen Interessen aller herauszufiltern.

Fazit

Je besser Sie Ihren eigenen Kommunikationsstil und Ihre eigenen Verhaltensweisen kennen, desto leichter werden Ihnen Verhandlungen und der Umgang mit Ihren Gesprächspartnern fallen. Der Coach hilft Ihnen auf der Entdeckungsreise zu sich selbst. Denn auch dieser Bewusstmachungsprozess beginnt bei uns selbst.

Wer sein Zuhören und seine Wahrnehmung schärft, wird sich leichter in seine Verhandlungspartner hineinversetzen können. Diese Fähigkeit zusammen mit einem nichtkonfrontativen Umgang mit Konflikten und interkulturellen Unterschieden, wie oben beschrieben, sind Grundvoraussetzungen für den Verhandlungserfolg. Wer dann noch bereit ist, ernsthaft abzuwägen, welche wichtigen Punkte der Verhandlungspartner die eigenen Positionen womöglich erweitern und bereichern können, der verfügt über ein Verhandlungsangebot mit den besten Aussichten auf Erfolg. Der »Blick aus dem Netzwerk« erleichtert dabei, trotz aller unterschiedlichen Positionen und Interpretationen der einzelnen Teilnehmer, die gemeinsamen Motivationen und den gemeinsamen Antrieb des Verhandlungsnetzwerkes zu entdecken.

Exkurs: Die politische Sprache

Worum es geht

Die Sprache in der Politik weist spezifische Eigenheiten auf und ist so interessant, dass sich ihr ein ganzer Forschungs- und Studienzweig widmet: die Politolinguistik.[32] Da es in diesem Buch um Coaching im Bereich der Politik geht, möchte ich zumindest ein paar wenige Elemente aus der Politolinguistik hier aufgreifen. Im Zusammenhang mit dem Coaching ist das deshalb interessant, weil einige spezifische sprachliche Elemente sowohl in der Politik als auch im Coaching verwendet werden, aber jeweils mit ganz unterschiedlichen, manchmal gar entgegengesetzten Zielen.

Die Art und Weise, wie wir uns ausdrücken, sagt viel über unsere Grundannahmen über uns selbst, die Welt und wie wir andere Menschen beurteilen, aus. Jeder von uns pflegt ganz unterschiedliche Grundannahmen und Glaubenssätze, die sich während unserer Erziehung, Sozialisation, in der Kultur, dem Beruf und so weiter ausgeprägt haben.

Je nachdem, was diese Grundannahmen und Glaubenssätze beinhalten, können sie uns in unserer Entwicklung und bei unseren Plänen hilfreich, aber auch extrem hinderlich sein.

Die kleine Geschichte von »Flachland« (→ siehe Kapitel »Netzwerke und ›Leadership‹: Von Netzwerken lernen«) illustriert, wie sehr unsere Wahrnehmung mitunter begrenzt sein kann.

Durch unsere Sozialisation entstandene »Filter« und Denkweisen können uns ebenfalls Grenzen setzen in unserer Entwicklung. Gewöhnen wir uns eine systemische Sichtweise an, können wir andererseits aber auch unsere Denk- und Handlungsoptionen erweitern (→ siehe Kapitel »Sicht- und Denkmodelle probieren«).

Unser Denken findet nun seinen Ausdruck in der Sprache. Hierüber vermitteln wir anderen unsere Gedanken und Ideen. Je nachdem, wie wir uns ausdrücken, können wir uns also auch mittels der Sprache entweder begrenzen oder unsere Optionen erweitern. Entsprechend werden wir bei unseren Gesprächspartnern bestimmte Filter aktivieren oder auch nicht.

Im folgenden Exkurs möchte ich gern mit Ihnen die Sprache in der

Politik näher untersuchen. Ziel ist dabei die Anregung zu überlegen, wann die von Ihnen gewählten Formulierungen hilfreich und wann Sie Ihnen eher hinderlich sein können. Wenn Sie authentisch wahrgenommen werden möchten, können Ihnen diese Überlegungen helfen, sich so auszudrücken, wie es Ihnen selbst, Ihren Zielen und Ihren Werten am besten entspricht.

Kriegs- und Kampfterminologie

Es heißt nicht umsonst, dass Sprache eine Waffe sein kann. Sie kann verletzen; große Demagogen haben ganze Völker hiermit aufgehetzt und gegen andere in den Krieg getrieben.

Es liegt in der Tradition politischer Sprache, dass sie sich aus dem Kriegs- und Kampfrepertoire bedient, was – wenn man sich auf die westliche Welt konzentriert – länderübergreifend gilt. Zwar ist der Wahl*kampf* in anderen Ländern eine Kampagne (»campagne électorale«, »election campaign« usw.), aber ansonsten *bekämpft* man gemeinsam verschiedene Phänomene wie den Rassismus, die Mafia (»la lotta contro la mafia«), Arbeitslosigkeit (»lutte contre le chômage«) und vieles mehr.

Ein Grund für diese Ausdrucksweise liegt sicher in dem Wunsch nach medialer Aufmerksamkeit. In der Zeit der Jäger und Sammler fiel den Menschen zuerst das auf, was vom Normalen, Gewöhnlichen und Bekannten abwich. Es wurde als gefährlich eingestuft und der hierauf folgende Reflex erlaubte den Menschen, zu fliehen und sich zu retten. Noch heute bauen die Medien auf diesen Wahrnehmungsaspekt des Menschen, dessen Aufmerksamkeit vor allem dann erregt wird, wenn von Ungewöhnlichem, Gefährlichem oder vom Normalen Abweichendem berichtet wird. In einer Welt der Informationsflut von allen Seiten scheint dieser Aspekt für die Medien besonders wichtig geworden zu sein.

Meine Gespräche mit Vertretern der Presse bestätigen dieses Phänomen: Auch wenn in der Politik erstaunliche Ergebnisse zustande kommen, werden sie selten für berichtenswert gehalten, wenn sie friedlich und ohne Skandal oder nicht einmal in politischem Streit erzielt werden. Über politische oder Parlamentsarbeit wird kaum berichtet, wenn sich die Politiker nicht wenigstens gegenseitig beschimpfen. So meinte beispielsweise Alois, Journalist einer bekannten deutschen Tageszeitung, auf meine Frage, warum die Presse überwiegend negativ über die Europäische Union berichtet: »Ich bin selbst überzeugter Europäer; aber das kann ich doch nicht verkaufen!« Andere Medienvertreter meinten, es sei für sie langweilig, wenn es nicht wenigstens Zank und Streit zwischen Politikern gäbe. Sie würden dann nicht über Politik und deren Ergebnisse berichten.

Zurück zur Kampfrhetorik in der Politik. Nimmt man sich vor, etwas (oder jemanden) zu *bekämpfen*, muss man sich Gedanken darüber machen, wie, auf welche Weise man das am besten tut. Der gedankliche Fokus bleibt dabei ständig auf dem zu Bekämpfenden.

Damit ist zwar definiert, was man abschaffen möchte. Es ist jedoch noch nicht die Frage geklärt, durch was das Bekämpfte ersetzt werden, was in der Realität an seine Stelle treten soll.

Ein kleines Beispiel aus unserem Alltag soll dies verdeutlichen. Angenommen, Ihr Vorsatz ist, mit dem Rauchen aufzuhören. Wenn Sie diesen Vorsatz mit »Ich höre auf zu rauchen« oder »Keine Zigarette mehr!« formulieren, erlauben Sie sich, dass Ihre Gedanken nach wie vor um das »Rauchen« und die »Zigaretten« kreisen. Das Gehirn stellt nämlich keine Negativbilder wie »Nicht rauchen« beziehungsweise »Keine Zigarette« dar.

Formulieren Sie aber, was Sie statt des Rauchens wünschen, so kann dies etwa sein: mehr Fitness. Für andere Menschen mit der gleichen Absicht können sich ganz andere Prioritäten dahinter verbergen: frische Luft, besser atmen können und mehr Gesundheit beispielsweise, oder dem nicht rauchenden Partner zuliebe, Geldmangel oder vieles andere mehr. Was immer Sie auch als »Stattdessen« formulieren mögen, Ihr Gehirn wird nun Bilder hierfür finden und sich mit ihnen befassen und weniger mit dem Unerwünschten. Neue Lösungen und Wege für diese Bilder zu finden, fällt ungleich leichter.

Zurück zur Politik. Wenn es darum geht, Phänomene zu bekämpfen, etwa den Rassismus oder die Arbeitslosigkeit, öffnet die Frage »Was stattdessen?« den Horizont für viele weitere Lösungsmöglichkeiten. Bei jeder Einigkeit, unerwünschte Phänomene zu bekämpfen, hat womöglich jeder unterschiedliche Vorstellungen davon, wie die Realität *stattdessen* ausschauen soll. Ein ganzer Strauß von Möglichkeiten tut sich auf, denn jeder stellt sich eine Welt ohne Rassismus oder ohne Arbeitslosigkeit anders vor. Anschließend muss die Frage gestellt werden, wie diese alternativen Möglichkeiten am besten zu verwirklichen sind, wie sie einander ergänzen, was sie miteinander gemein haben, welche Grundannahmen sie von uns voraussetzen und so weiter.

Wer in der Politik bewusst seine Ziele negativ formuliert, das heißt die Dinge aufzählt, die er abschaffen oder bekämpfen will, hat möglicherweise einen klaren Grund dafür, sich auf diese Weise auszudrücken. Dies könnte etwa die Erfahrung sein, dass Presse und Öffentlichkeit so eher auf den entsprechenden Missstand aufmerksam gemacht werden. Es besteht allerdings die Möglichkeit, dass derartige Formulierungen aus Tradition und reiner Gewohnheit gewählt werden.

Nicht zu unterschatzen ist das Phänomen, dass Dinge, Ideen, Sachverhalte an Bedeutung gewinnen und wachsen, je mehr Aufmerksamkeit ihnen geschenkt wird. Das gilt auch für Nichtgewolltes und – um bei unserem Beispiel zu bleiben – auch für den Rassismus. Er kümmert sich nicht darum, dass »Bekämpfen« davor steht. Obwohl man das Gegenteil erreichen will, läuft man Gefahr, dass der Rassismus ansteigt, und sei es dadurch, dass sich durch ständiges Wiederholen des Übels (statt möglicher Lösungen) Nachahmer oder Trittbrettfahrer finden. Fokussiert man dagegen seine Aufmerksamkeit auf die Alternativen zum Rassismus – wie auch immer diese definiert werden mögen –, gewinnen diese ihrerseits an öffentlicher Bedeutung, finden Anhänger und wachsen.

Machen Sie sich bewusst, ob die Formulierungen Ihrer politischen Aussagen Sie beim Finden von Lösungsmöglichkeiten womöglich einschränken. Ihr Coach kann Ihnen dabei helfen.

Politik wird für Menschen gemacht. Sie sind möglicherweise direkt betroffen, sollen oder wollen einbezogen werden und wollen oder sollen selbst aktiv werden, um die politischen Ziele zu erreichen. Positiv formulierte Ziele ermöglichen, die Menschen aktiv mit einzubeziehen, weil sie den Raum hierfür öffnen. Überlegen Sie sich, welche Art von Formulierungen und Fragestellungen jeweils am besten geeignet sind, Ihre politischen Ziele und Zwecke optimal auszudrücken, zu vermitteln und zu erreichen.

Neben dem Kampfrepertoire hat die Politolinguistik eine Reihe weiterer Eigenheiten der politischen Sprache herausgearbeitet, von denen ich Ihnen nur einige wenige kurz vorstellen möchte.

Demnach werden in der politischen Sprache häufig einfache Ursache- und Wirkungsbezüge hergestellt oder Polarisierungen von Sachverhalten erstellt, um Komplexes so einfach wie möglich darzustellen. Wenn auch der Wunsch nach einfacher Darstellung verständlich sein mag, fragen Sie sich, in welchen Fällen für Ihre Ziele binäre oder eher systemische Fragestellungen hilfreich sind, so wie im Kapitel »Sicht- und Denkmodelle probieren« beschrieben.

Deutungsrahmen und Metaphern

Der amerikanische Sprachwissenschaftler George Lakoff beschreibt, wie wir durch unsere Wertvorstellungen und Erfahrungen Deutungsrahmen im Gehirn bilden, in die wir neue Informationen einordnen.[33] Diese Rahmen strukturieren unser Wissen und geben Informationen, die wir erhalten, einen Sinn.

Lakoff argumentiert, dass hinsichtlich der Überzeugungskraft der Politik die Werte, die ein Politiker vertritt, wesentlich wichtiger sind als Fakten. Es sind die Werte, die an die Deutungsrahmen der Menschen anknüpfen. Fakten, die den Deutungsrahmen vieler Menschen widersprechen, prallen ab, selbst wenn sie noch so korrekt sind.

Lakoff illustriert dieses Phänomen am Beispiel von Bildern, die optisch täuschen. Er nennt eines, welches den Kopf eines Mannes oder aber einen Hund abbildet. Vielleicht kennen Sie auch jenes, welches eine alte grimmige Frau oder eine schöne junge abbildet, je nachdem, wie Sie selbst das Bild gerade anschauen. Es ist nicht möglich, beide Bilder auf einmal zu sehen. Wir sehen jeweils entweder nur das eine oder nur das andere, wenn wir unseren Blick darauf einstellen.

Genauso verhält es sich – so Lakoff – mit unserer Informationsaufnahme. Zwar kann unser Gehirn widersprüchliche sowie unserem

Deutungssystem widersprechende Informationen aufnehmen, aber nicht simultan. Das ist physisch nicht möglich.

Das heißt, Fakten, mit denen man uns irgendetwas belegen will, prallen dann ab, wenn bei uns gerade ein diesen Fakten widersprechender Deutungsrahmen aktiviert ist. Eine Politik, die nur über die »richtige« Information beziehungsweise über Fakten vermittelt wird, läuft somit Gefahr, an vielen Bürgern abzuprallen.

Wer beispielsweise politische Gegner öffentlich »bekämpft«, zieht damit nicht nur automatisch die Aufmerksamkeit der Öffentlichkeit auf den politischen Gegner, selbst oder gerade wenn er ihn in seinen düstersten Schattenseiten darstellt. Hinzu kommt ein weiteres Dilemma: Möglicherweise widerspricht dieses Vorgehen den persönlichen Werten dieses Politikers und seiner Partei, insbesondere dann, wenn hierzu Solidarität, Gleichberechtigung oder Respekt gehören. Egal, welche Art von Deutungsrahmen bei den Menschen zu dem Zeitpunkt aktiviert ist, es kommen widersprüchliche Botschaften bei ihnen an. Die Werte des betreffenden Politikers, nämlich Solidarität, Gleichberechtigung und Respekt, treffen allerdings nicht auf dieselben Werte-Deutungsrahmen der betreffenden Menschen, weil das Verhalten des Politikers, andere Menschen schlecht zu machen, diesen Werten widerspricht. Das gilt auch dann, wenn die unvorteilhaften Aussagen über den politischen Gegner stimmen, also »Fakten« darstellen.

Wenn Ihre Sprache Ihren eigenen Werten entspricht, wirken Sie überzeugend. Lakoff, der hier für die amerikanische Politik spricht, meint hierzu sogar: »Jedes einzelne Argument muss mit moralischen und politischen Prinzipien beginnen. Die Frage ist immer: Um welche Werte geht es bei dieser politischen Frage? Was halten wir in diesem Fall für moralische Politik? Man muss also, um [...] erfolgreich politisch zu kommunizieren, die Deep Seated Frames der eigenen Weltsicht nutzen, um über verschiedene politische Themenfelder hinweg zu argumentieren. Jede einzelne politische Position steht immer nur symbolisch für unsere tiefliegenden moralischen Werte.«[34]

Die politische Sprache arbeitet mit Metaphern, Mythen und Ideologien. Das Ziel dieser Sprachmittel ist jeweils, Menschen für bestimmte Positionen zu gewinnen, sie zu überzeugen, indem an ihre Glaubenssysteme angeknüpft wird. Eine Metapher wird aus einem bestimmten Themenbereich entlehnt und auf einen anderen übertragen, etwa um als Beispiel zu dienen oder als Erklärung. Dies ist der Fall bei Kriegs- und Kampfmetaphern. Sie können aber auch aus allen anderen Bereichen entlehnt werden.

Die Metapher selbst ist hilfreich, denn sie kann Dinge illustrieren und erläutern. Sie kann auch benutzt werden zur vereinfachten Darstellung von Sachverhalten. Den Unterschied macht, mit welchem Ziel die Metapher verwendet wird. So kann sie bewusst zur Beschränkung von Möglichkeiten genutzt werden. Ein Beispiel war die Metapher »Das Boot ist voll« im Zusammenhang mit der Zuwanderung. Sie drückt aus: Nichts geht mehr. Wir sitzen alle in einem Boot, und das ist voll.

Unabhängig davon, dass diese Metapher bewusst eingesetzt wurde, um genau dies auszudrücken, können Metaphern andererseits verwendet werden mit dem Ziel, den Horizont, die Optionen zu erweitern. Ein Coach wird in der Einzelarbeit mit Ihnen beispielsweise eine Metapher, die Sie benutzen, aufgreifen und verwenden, um Ihnen zu helfen, andere, neue zusätzliche Seiten und Sichtweisen für ein und dieselbe Situation zu entwickeln.

Ich möchte dies mit einem Beispiel aus meiner praktischen Arbeit verdeutlichen. Alberto hatte die Mitarbeiter seines Vorgängers übernommen. Diese hatten sich in ihrer langjährigen Zusammenarbeit mit dem Vorgänger auf bestimmte Verhaltensweisen und Regeln eingespielt. Alberto fiel es schwer, seine eigenen Ideen und Vorstellungen mit ihnen zu verwirklichen. Er verglich die Situation mit geologischen Schichten, durch die der Fluss (seiner Ideen) sich nur ganz schwer einen Weg bahnen könne. Immer wieder werde er von diesen harten Schichten aufgehalten.

Wir nutzten in unserer Arbeit genau diese Metapher von geologischen Schichten. Albertos Ziel lautete zunächst, zum Zentrum der Schichten vorzustoßen und von dort aus Veränderungen vorzunehmen. Dabei machte Alberto sich klar, dass Explosionsgefahr bestünde, wenn er zu zielstrebig zum Zentrum vorstoßen würde, das heißt, ohne die Mitarbeiter voll einzubinden. Er erarbeitete sich schließlich Wege, wie er vorsichtig Sedimentschicht um Sedimentschicht abtragen wolle, um das Team so für seinen Arbeitsstil einzunehmen und an seiner Arbeit zu beteiligen, wie er es sich vorstellte.

Da Alberto die anfänglich schwierige Lage selbst wie das Bild der geologischen Schichten erschienen war, erleichterte ihm die Arbeit mit seiner eigenen Metapher, also die Fortführung dieses Bildes, konkret auf seine Arbeitssituation anwendbare Lösungen zu finden. Dabei stellte sich übrigens heraus, dass nicht jede geologische Schicht gleich hart war.

Ideologien und Mythen

Als weitere Stilmittel in der Sprache, die Politiker verwenden, macht die Politolinguistik Ideologien und Mythen aus. Ideologien stellen hierbei ganze Glaubenssysteme mit bestimmten Grundannahmen dar. Mythen werden gebildet als Geschichten, mit denen die Wirklichkeit erklärt werden soll.

Zusammenfassend dienen diese Stilmittel in der Politik ebenfalls der Vereinfachung und der Überzeugung. Die Menschen sollen sich hiermit identifizieren können; es sollen Zusammengehörigkeitsgefühle erzeugt werden. Dies erleichtert, das von Politikern als richtig erachtete politische Ziel beziehungsweise die Lösung für das anstehende Problem verständlich zu machen und die Menschen hierfür einzunehmen. Durch Verknüpfung mit der Ideologie oder dem Mythos kann die Relevanz der politischen Lösung als richtig bewiesen werden. Gleichzeitig hilft die Ideologie oder der Mythos dem Politiker, sich und die eigene Politik vom politischen Gegner und dessen Politik abzugrenzen.

Welche Grundannahmen hat ein Politiker über die Wahlbevölkerung, wenn er diese Stilmittel gezielt zur Vereinfachung der Wirklichkeit und zur Überzeugung der Öffentlichkeit einsetzt?

Wenn Sie an Ihre innersten Grundwerte und an Ihre politischen Ziele denken, wie müssten Sie diese formulieren, um die erforderliche Unterstützung zu erhalten? Wir alle pflegen mitunter jahrelang dieselben Glaubenssätze (Ideologien) oder Mythen über uns selbst, unser Leben, unsere Beziehungen und unsere Umwelt. Sie entstehen durch unsere Erziehung und Sozialisation, durch das, was wir erleben und wie wir uns das Erlebte erklären und einordnen. Ob wir es merken oder nicht: Unsere Sprache drückt unsere Glaubenssätze aus.

Wenn diese Glaubensvorstellungen uns stärken und uns Kraft geben können, ist dies sehr hilfreich. Sie können uns aber auch beschränken, etwa wenn wir uns etwas nicht zutrauen oder wenn uns ganz neue Sichtweisen helfen würden, auf die wir wegen unserer meist unbewussten Glaubenssätze gar nicht erst kommen. Ein Coach kann Ihnen helfen herauszufinden, ob persönliche Glaubenssätze Sie daran hindern, Ihr eigenes Potenzial zu entfalten. Anschließend können Sie gemeinsam daran arbeiten, Ihre Glaubenssätze auf den Prüfstand zu stellen und die Grundlagen ermitteln für andere hilfreichere Grundvorstellungen.

Übertragen auf Ihre politischen Ziele hieße dies: Wie müssten Sie Ihre Politik formulieren, damit sie am besten Ihren ganz persönlichen Werten und Zielen entspricht? Welche Grundannahmen – über sich selbst, über andere Politiker, über die Wahlbevölkerung und über die Menschheit – müssten Sie haben, um dem Potenzial Ihrer politischen Ideen zur Geltung zu verhelfen?

Welche Grundannahmen über Ihre Wähler und über unsere Gesellschaften müssten Sie haben, um gemeinsam mit anderen die Strömungen und den Schwung zu erzeugen, die Essenzen Ihrer politischen Ideen umzusetzen?

Lassen Sie mich zurückkommen auf Barack Obama. Seine »Yes-We-Can!«-Kampagne war nicht nur im eigenen Land erfolgreich und gipfelte in seiner Wahl. Der Spruch wurde weltweit für die verschiedensten Ziele und Kontexte aufgegriffen, weil er mit Erfolg assoziiert wurde und womöglich noch immer wird. Woran liegt das? Die Sprachwissenschaftlerin Elisabeth Wehling filtert vier linguistische Gründe hierfür heraus: Obama formulierte ein Ziel, das man erreichen will und kann, und zwar *gemeinsam*. Das »Wir« drückt *Empathie* aus, die Fähigkeit, sich in andere hineinzuversetzen.

»Wer kooperieren will, muss andere akzeptieren und Unterschiede respektieren. Also konzentriert man sich nicht auf Gegensätze, sondern auf solche Werte und Ideen – und eben politischen Ziele, die man teilt.«[35] Obama argumentiert also aus der Netzwerkperspektive heraus, wenn Sie so wollen (→ siehe Kapitel »Wer hilft mir und wie baue ich mein Netzwerk auf?«). Und – so Wehling – der Deutungsrahmen »beinhaltet Konzepte von systemischer Politik und politischen Prozessen, die bei den Menschen beginnen – jedem einzelnen Wähler, den ›Grassroot‹-Organisationen, den Bloggern«.[36]

Bei »Yes, we can!« handelt es sich also anscheinend nicht nur um einen Wahlkampf-Slogan, sondern Obamas Politik zeigt auch, dass er alle – sich selbst, die Politik und die Bürger – in die Pflicht nimmt, um gesellschaftliche Lösungen zu finden.

Fazit

Die Art und Weise, wie Sie Sprache in der Politik benutzen und Ihre Politik und politischen Ziele formulieren, hat nicht nur Auswirkungen auf Bündnispartner, die Sie brauchen, sondern auch auf die Adressaten Ihrer Politik. Unter Umständen können Ihre Formulierungen zudem Ihre eigene Kreativität und Ideenvielfalt und damit Ihre Lösungsfindungskompetenz selbst beschränken. Wenn Sie sich bewusst machen, wie Sie Ihre Ziele formulieren müssen, damit Sie Ihre politischen und Handlungsoptionen erweitern, ermöglichen Sie sich, Ihr politisches Potenzial zu entfalten. Wer dabei auf seine inneren Grundwerte zurückgreift, wirkt authentisch und überzeugend.

Privates, Entspannung und Hobbys dürfen nicht zu kurz kommen

Beispiel: Howard und Mariele

Die Ansprüche, der Arbeitsanfall und die einzuhaltenden Fristen bereiteten ihm immer wieder Stressgefühle, erzählte mir Howard. Als Ausgleich habe er in seiner britischen Heimatbasis mit Freunden eine Band gegründet. Sie alle haben anspruchsvolle Berufe. Die Musik und das Teamerlebnis dienen ihnen ganz eindeutig zum Stressabbau.

Für Mariele ist es wichtig, einen engen Freundeskreis zu haben. Immer wieder würden Parlamentarier erleben, dass sie von Interessenvertretern hofiert werden, wenn sie für ein bestimmtes Thema zuständig sind. Sobald das Thema abgeschlossen ist, könne man manchmal erleben, dass einige der Lobbyisten den Abgeordneten nicht mehr kennen. Und das, obwohl sie sich noch kurz zuvor freundlich um ihn bemüht hätten. Der regelmäßige Kontakt zu den Freunden hilft Mariele, der mitunter trügerischen Welt der »Freizeit« im politischen Umfeld, den Cocktailveranstaltungen, die Wirklichkeit echter freundschaftlicher und verlässlicher Beziehungen entgegenzusetzen.

Worum es geht

Sie haben sich inzwischen gut organisiert. Ihre Grundwerte und Ziele sind klar definiert, die Mitarbeiter sind aktiv, Ihr Netzwerk steht, und die Arbeit läuft wie am Schnürchen. Es gelingt Ihnen, erfolgreich zu verhandeln. Gerade wenn alles rund läuft, kommt es darauf an, für einen Ausgleich zu sorgen.

Um in einem physisch und psychisch anspruchsvollen Beruf körperlich, geistig und seelisch fit zu bleiben, bedarf es des Ausgleichs zwischen den verschiedenen menschlichen Bedürfnissen.

Begeisterung und Engagement für die Arbeit, aber auch die Routine des hohen Arbeitsaufwands können dazu führen, dass die Erfordernisse für physische und psychische Gesundheit vorübergehend aus dem Blickwinkel verschwinden.

Wie Kapitel »Visionen entwickeln« (Übung: Vernetzt denken) widerspiegelt, können wir Werte dann authentisch vertreten, wenn wir zunächst die Maßstäbe bei uns selbst anlegen. Wenn uns die Gesundheit von Umwelt und Natur am Herzen liegt, gelingt unser Einsatz am besten, wenn wir mit unserer eigenen Gesundheitspflege anfangen. Gesundheit und Wohlbefinden sind ganzheitliche Konzepte. Sie sind die Grundvoraussetzungen dafür, nachhaltig leben und arbeiten zu können. Auch hier gilt: Fangen Sie bei sich selbst an.

Im Europäischen Parlament

Die Arbeits- und Lebenssituation der Europa-Abgeordneten zeichnet sich durch Unregelmäßigkeiten beispielsweise bei den Arbeitszeiten und dem Essen, durch Reisen und Zeitdruck aus.

Eine häufig gehörte Äußerung ist, dass Europa-Abgeordnete nicht genügend Zeit für ihre Angehörigen finden. Ähnliches gilt für den persönlichen Freizeitbereich, einschließlich der Zeit für Bewegung und eben regelmäßige Mahlzeiten. Da die Abstimmungen im Plenum des Parlaments bis weit in die Mittagszeit reichen und zudem oft kürzere Mittagssitzungen anberaumt werden, bleibt wenig Zeit für ein Mittagessen, und die Hauptmahlzeit wird in solchen Fällen häufig erst am späten Abend eingenommen. Oft entsteht der Eindruck, für nichts wirklich angemessen Zeit zu haben.

Im Europäischen Parlament stehen die verschiedensten unterstützenden und gesundheitlichen Dienstleistungen zur Verfügung: Kinderkrippe, Ernährungsberaterin, Psychologe sowie Fitness-Club mit Geräten, Kursen, einem Physiotherapeuten und persönlichen Trainern. Ob, wie und wann diese Leistungen genutzt werden, liegt dann allerdings wieder beim einzelnen Politiker.

Übung: Eine Torte für Ihr Leben

Wenn Sie einen Coach haben, bitten Sie ihn oder sie, eine ganzheitliche Bestandsaufnahme Ihrer Bedürfnisse für Ihre Gesundheit und Ihr Wohlfühlen mit Ihnen zu machen. Vielleicht stellt sich dabei heraus, dass Sie nur einige praktische Dinge für sich verbessern möchten, wie mehr Bewegung und Sport in den Alltag bringen, die Ernährung optimieren, eine Entspannungsmethode erlernen.

Vielleicht gehen Ihre Bedürfnisse auch tiefer und Sie streben an, Ihre gesamte »Life-Balance« zu optimieren, oder Sie stellen fest, dass Sie der Sinnfrage nachgehen oder der Spiritualität in Zukunft mehr Raum geben wollen.

Für sich allein können Sie sich einen allgemeinen Überblick über Ihre Bedürfnisse verschaffen, indem Sie sich selbst Ihre »Life-Balance«-Torte erstellen. Hierfür malen Sie sich ein Kreisdiagramm oder benutzen eine runde Karte, in die Sie die »Tortenstück-Anteile« der für Sie wichtigen Lebensbereiche zweimal einzeichnen: einmal so, wie die aktuelle Situation sich darstellt, und einmal, wie Ihre Zielvorstellungen aussehen.

Das heißt, das erste Diagramm gibt Ihnen Antwort auf die Frage: Welche Lebens- und Bedürfnisbereiche haben Sie, und welchen Anteil machen diese Bereiche derzeit jeweils in Ihrem Leben aus?

Mit dem zweiten Kreis zeichnen Sie für sich auf, wie diese Aufteilung Ihrer Zeit und Ihres Engagements im Idealfalle in Zukunft aussehen sollte, falls diese Idealsituation derzeit noch nicht gegeben ist.

Als thematische Tortenstücke könnten Ihnen beispielsweise folgende Vorgaben dienen:

→ Gesundheit allgemein;
→ Schlaf;
→ Entspannung;
→ körperliche Aktivität;
→ Ernährung;
→ Familie und Freunde;
→ Produktivität, Arbeit;
→ Einstellung zum Leben, Lebenszufriedenheit;
→ Fortbildung, Persönlichkeitsentwicklung;
→ Spiritualität.

Ist-Zustand

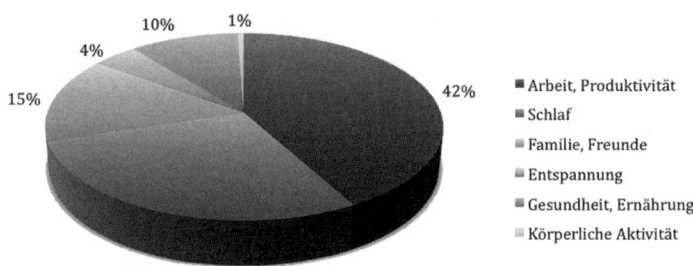

Abbildung 1: Tortendiagramm Ist-Zustand

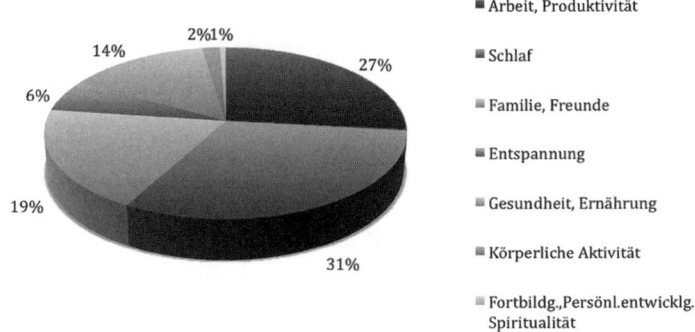

Ziel-Zustand

- Arbeit, Produktivität
- Schlaf
- Familie, Freunde
- Entspannung
- Gesundheit, Ernährung
- Körperliche Aktivität
- Fortbildg.,Persönl.entwicklg., Spiritualität

Abbildung 2: Tortendiagramm Ziel-Zustand

Stellen Sie sich Ihre eigenen Lebensbereiche zusammen, die Ihnen wichtig sind. Vielleicht reicht Ihnen zu Beginn eine gröbere Einteilung? Oder es gehören für Sie – im Gegenteil – weitere Bereiche dazu?

Welche ersten Schritte müssen Sie tun, um von Ihrer »Ist-Torte« zur »Soll-Torte« zu gelangen? Womit können Sie anfangen? Was müssen Sie ändern? Wer oder was kann Ihnen dabei helfen?

Nachdem Sie sich Verbesserungs- und Änderungswünsche bewusst gemacht haben, reicht ein erster kleiner Schritt. Eine Veränderung in einem der Bereiche hat in der Regel auch Auswirkungen auf die anderen Bereiche. Weitere kleine Schritte werden folgen. Sie wollen sich mit dieser Übung schließlich nicht neuen Stress bereiten!

Übung: Ihr Umgang mit Stress

Was bedeutet für Sie Stress? Und was bereitet Ihnen Stress? Jeder empfindet Stress unterschiedlich. Was dem einen Stress bereitet, ist für den anderen eine spannende Herausforderung, die ihn womöglich erst richtig aus der Reserve lockt. Der bereits zitierte Europa-Abgeordnete Johann meinte, auf andere zu warten, bereite ihm Stress. »Was könnte ich in dieser Zeit alles tun und erledigen?«, denkt er sich dann.

Hoher Arbeitsanfall, Gefühl der Zeitnot, persönliche Diffamierungen und Bedrohungen, öffentliche Reden, knappe Fristen oder viele Reisen können Stressoren darstellen. Mit Ihrem Coach können Sie daran arbeiten, die Situation für sich zu optimieren und beispielsweise den für Sie am besten geeigneten Arbeitsstil und Rhythmus zu entwickeln.

Stress ist nicht nur negativ. Er kann uns auch beflügeln und antreiben. Erst wenn dieses unangenehme Gefühl des Genervtseins, des Überfordertseins aufkommt und erst recht, wenn es immer wieder auftritt beziehungsweise anhält und wir nicht immer wieder zwischendurch für Ausgleich sorgen, wird es lästig und sogar gefährlich. Denn Dauerstress ist eindeutig ein Gesundheitsrisiko. Hinzu kommt, dass wir spätestens in diesem Stadium für unsere Umwelt ungenießbar werden.

Überlegen Sie sich:

→ Wann fühlen Sie sich gestresst und gereizt?
→ Was genau löst bei Ihnen Stressreaktionen aus?
→ Was soll für Sie an die Stelle des unangenehmen Stressgefühls treten?
→ Wie fühlen Sie sich dann?
→ Und was können Sie tun, um dies zu erreichen?

Was immer Ihnen auch den unangenehmen gesundheitsschädigenden Stress verursacht, eines können Sie auf jeden Fall üben, um im akuten Stressfall wieder zur Ruhe zu finden.

Wenn Sie sich bewusst machen: »Jetzt fühle ich mich im Stress«, oder wenn Sie gar merken, was genau den Stress auslöst, unterbrechen Sie den Stressfluss gezielt das nächste Mal. Das erreichen Sie am besten, indem Sie üben, innezuhalten, den akuten Stressfluss zu unterbrechen und ihn wie von außen zu beobachten. Das können Sekunden sein. Wichtig ist, dass Sie dabei tief durchatmen und ruhig und tief weiteratmen. Das beruhigt, gibt uns Raum und lässt uns wieder klarer denken.

▓ Übung: Achtsamkeit (Mindfulness)[37]

An dieser Stelle über Achtsamkeit zu reden, ist eine Herausforderung. Zum einen gibt es so viele Menschen, die ungleich mehr Erfahrung hiermit haben als ich; zum anderen reicht der Platz auch nicht annähernd, um diese Seinsweise, ihre Facetten, ihren Nutzen und ihre vielfältigen, umfassenden positiven Auswirkungen in diesem Buch hinreichend würdigen zu können.

　　Dennoch möchte ich Ihnen diese Form der Übung in Wahrnehmung kurz vorstellen. Ich tue das an dieser Stelle, weil uns die Achtsamkeit zunächst einmal hilft, selbst innerlich zur Ruhe zu kommen, damit unseren Stress abzubauen und uns gelassener, zuversichtlicher und klarer zu fühlen. Wenn Sie sich näher mit der Achtsamkeit befassen möchten, umso besser! In den Anmerkungen finden Sie dafür weitere Hinweise und Literatur.

　　Achtsamkeit zu praktizieren bedeutet, dass wir alles, was im gegenwärtigen Moment geschieht, bewusst wahrzunehmen üben, ohne zu urteilen. Insbesondere wenn wir ein arbeitsreiches, oft hektisches Leben haben, kreisen unsere Gedanken am häufigsten darum, was demnächst zu tun ist oder was bereits geschehen ist, wer was gesagt oder getan hat und so weiter. Gedanklich befinden wir uns somit meistens in der Vergangenheit oder in der Zukunft. Dabei entgehen uns viele Einzelheiten der Gegenwart; Details, die uns helfen würden, das gegenwärtige Geschehen klarer zu erkennen und damit unser eigenes Reden und Handeln authentischer und situationsangepasster zu gestalten. Wir können aus dem Ruhen im Augenblick heraus unser eigenes Denken beobachten und es als bloße Aneinanderreihung von Gedanken erkennen. Sie kommen und gehen, und wir machen uns bewusst, dass wir Kontrolle über sie haben. Beispielsweise können wir anschließend hinterfragen: Ist meine Schlussfolgerung die einzig mögliche? Welche könnte es noch geben? Belaste ich mich womöglich mit unüberprüften Glaubenssätzen, die mein Denken und meine Handlungen einschränken?

　　Letztendlich können wir lernen, dass ein Zusammenhang besteht zwischen dem, was wir denken, und dem, was wir erleben; das heißt, wie wir die Welt wahrnehmen.

In meinem politischen Arbeitsraum erlebe ich das beispielsweise, wenn der Abgeordnete Hans sich unter Dauerdruck fühlt und aus diesem Gefühl heraus entsprechend hektisch und defensiv argumentiert, vielleicht sogar schnell aus der Haut fährt. Er nimmt sein Umfeld als eine Abfolge von Daueransprüchen an sich wahr. Die Menschen, mit denen er zu tun hat, laufen Gefahr, ihm lästig zu werden. Entsprechend reagiert er.

Demgegenüber hat sich seine Kollegin Giovanna ihre Neugier auf Menschen, deren Meinungen und auf ihr internationales Umfeld bewahrt. Sie nimmt ihr Umfeld als eine spannende Geschichte wahr, an der sie aktiv teilnimmt. Beide Politiker befinden sich äußerlich in einer ganz ähnlichen Situation. Der Unterschied ist jedoch, dass sie ihr Umfeld völlig unterschiedlich wahrnehmen und ihr Verhalten danach ausrichten.

Meist sind wir mehr damit beschäftigt, unsere Beurteilungen der Gegenwart aus vergangenen Erfahrungen oder unseren »Filtern im Kopf« (→ siehe hierzu Kapitel »Netzwerke und ›Leadership‹: Von Netzwerken lernen«) heraus vorzunehmen, als im Augenblick wirklich präsent zu sein.

Der Coach kann Ihnen helfen, Achtsamkeit zu üben. Im Coaching können Sie sich beispielsweise unter Anleitung Ihre unterschiedlichen Wahrnehmungskanäle bewusst machen und zu nutzen üben: Ihre ungeteilte Aufmerksamkeit (beispielsweise auf Ihren Atem), Ihr Hören, Ihr Sehen, Ihr (Ein-)Fühlen. Diese Fähigkeiten stehen Ihnen dann im Alltag leichter zur Verfügung und können dort weiter geübt werden. Sie können regelmäßig meditieren und/oder sich immer wieder Momente einräumen, in denen Sie sich bewusst ausschließlich mit dem befassen, was Sie gerade tun, und andere Gedanken, die Ihnen in den Sinn kommen, einfach vorbeiziehen lassen.

In den vorangegangenen Kapiteln war immer wieder vom Erfordernis des Innehaltens, des Sich-einen-Moment-Zeit-Nehmens die Rede, um Ihre Ziele und Ihre Politik so zu gestalten, wie Sie das möchten. Dabei ging es beispielsweise ums Lernen, um Visionen oder um die systemische Sichtweise. Immer ist ein Pausieren erforderlich, um uns Dinge oder Zusammenhänge bewusst werden zu lassen. In dieser

Hinsicht kann man die Achtsamkeit in ihrer Ganzheitlichkeit als eine Zusammenfassung alles bislang Gesagten bezeichnen.

Aber sie geht weit darüber hinaus. Bei regelmäßigem Üben sorgen wir für unsere innere Heilung und geben unserem Leben Sinn. Wenn wir sanfter mit uns selbst umgehen, tun wir dies auch mit anderen. Hier gilt dasselbe wie in der Übung zum vernetzten Denken (→ siehe Kapitel »Visionen entwickeln«). Wir fangen bei uns selbst mit der Innenwahrnehmung an, richten uns dann auf die Außenwahrnehmung und können diese beobachtende Sicht auf alle Ebenen hochdeklinieren:

→ Wie gehen Sie mit sich selbst um?
→ Wie gehen Sie mit den Menschen um, die Ihnen am nächsten stehen?
→ Wie gehen die Menschen und Institutionen in Ihrer Gemeinde miteinander um?
→ Wie gehen Bevölkerungsgruppen miteinander um? Wie Länder? Wie gestalten wir die internationalen Beziehungen?
→ Wie gehen wir alle mit der Natur und der Umwelt um?
→ Was ist jeweils Ihr Beitrag zur Qualität dieser Beziehungsgeflechte?
→ Und: Wenn Sie eine andere Qualität der Beziehungen auf irgendeiner Ebene wünschen, wie könnten Sie – angefangen bei sich selbst – dazu beitragen?
→ Was funktioniert oder läuft gut bei Ihnen selbst? Machen Sie mehr davon!
→ Was funktioniert oder läuft gut in der Welt?
→ Wie können Sie dazu beitragen, dass mehr davon gemacht wird?

Die Achtsamkeit hat ihre Ursprünge im Buddhismus,[38] aber die Praxis der Achtsamkeit hat sich in den vergangenen Jahren exponentiell unter den Menschen weltweit verbreitet – unabhängig von Religion oder Glaubensrichtung. Achtsamkeit praktizierende Juristen veröffentlichen in der Zeitschrift »The Complete Lawyer«[39] immer wieder Artikel zu diesem Themenbereich. Sie sind sich der hohen Verantwortung ihres Berufs für die Menschen und deren Leben bewusst.

Vielleicht möchten Sie sich als Politiker oder Politikerin dieser »Bewegung« anschließen? Vielleicht möchten Sie Ihre politischen

Entscheidungen lieber aus einer inneren Ruhe und Einsicht als aus dem Hamsterrad heraus treffen?

Einer der führenden »Übersetzer« der Achtsamkeit in unser Alltagsleben, Jon Kabat-Zinn, überlegt, ob es in unserer vernetzten Welt vielleicht an der Zeit ist, das Innehalten zu unserem Lebensprinzip zu machen. Wie heilsam wäre das für uns persönlich und für die Welt? Wir würden Frieden wahrhaft erfahren, weil wir uns selbst friedlich fühlen. Nicht naiv, nicht schwach, nicht machtlos, sondern machtvoll, den Frieden verinnerlichend und wertschätzend, in unserer wahren Stärke und unserer wahren Weisheit.[40]

> »Be the Change you want to see in the World!«
> (Mahatma Gandhi)

Fazit

Wem es gelingt, Gesundheit und Privatleben zu pflegen beziehungsweise auf private Kontakte zurückgreifen zu können und sonstige Formen des Ausgleichs zum anspruchsvollen Berufsleben zu finden, wird schneller und erfolgreicher immer wieder seine Batterien aufladen können und seine Gesundheit, Stärke, Form und Motivation leichter bewahren. Wer einen achtsamen und friedlichen Umgang mit sich selbst pflegt, trägt zu einem achtsamen und friedlichen Umgang mit Mensch und Natur in der Welt bei.

Die Legislaturperiode neigt sich dem Ende zu: Und was nun?

Beispiel: Helma und Maria

Helma wollte positiv denken, wie sie es nannte, und glaubte an einen Wahlsieg ihrer Partei. Er sollte sich dahingehend auswirken, dass ihr Mandat nach den Wahlen erneuert würde. Für sie bedeutete positiv zu denken, sich nicht auf die Möglichkeit der Nicht-Wiederwahl vorzubereiten. Leider erreichte ihre Partei eine geringere Stimmzahl als in den Vorwahlen. Für Helma bedeutete dies: zurück in ihren alten Beruf als Arzthelferin. Ihr ging es dabei vergleichsweise gut, denn andere Parlamentarier, die keinen Plan B für die Zeit nach den Wahlen entwickeln, fallen womöglich in die Arbeitslosigkeit. Dennoch brach für Helma eine Welt zusammen, denn sie hatte nicht damit gerechnet, ihr Amt, in dem sie sich stark und gern für die Menschen engagierte, verlieren zu müssen.

Maria ging anders vor. Für den Fall, dass sie nicht wiedergewählt würde, wollte sie ihre Erfahrungen nutzen und ebenfalls in den Dienst von Menschen stellen. Sie würde zunächst Vorträge halten und politische Bildungsveranstaltungen durchführen und knüpfte dafür schon vor der Wahl zahlreiche Kontakte. Aus diesem Umfeld und Netzwerk würde sie dann ihre zukünftige berufliche Tätigkeit weiter entwickeln. Sie wurde wiedergewählt und nutzte ihre alternativen Vorbereitungen während ihres neuen Mandats. Sie sprach mit zahlreichen Besuchergruppen, fuhr zu vielen politischen Bildungsveranstaltungen und engagierte sich im Rahmen ihres politischen Amtes für die Bildung und lebenslanges Lernen.

Worum es geht

In diesem Kapitel geht es darum, sich auf die anstehenden Wahlen und die Zeit danach vorzubereiten. Vielleicht stehen Sie für eine neue Kandidatur bereit; vielleicht aber möchten oder müssen Sie auch eine berufliche Alternative oder Neuorientierung für sich entwickeln.

Dieser wichtige Arbeits- und Lebensabschnitt soll mit Ihrer persönlichen Bilanz gewürdigt werden.

Sie haben sich und Ihre Politik fortentwickelt. Wieder wird ein Blick auf die Werte und Führungsqualitäten wichtig, die besonders erfolgreich und nachhaltig hierzu beigetragen haben.

Jedes Ende bringt einen Neuanfang. Aber wichtige Lebensabschnitte, die zu Ende gehen, können schmerzhaft sein, wenn sie nicht hinreichend gewürdigt, wenn Erfolge nicht entsprechend gefeiert werden. Ein politisches Mandat stellt für die meisten Menschen einen solchen wichtigen Lebensabschnitt dar. Deshalb geht es hier auch darum zu reflektieren, wie man es für sich erfolgreich abschließen kann, wenn ein Ende ansteht.

Im Europäischen Parlament

Das Europäische Parlament hat sich nach den alle fünf Jahre anstehenden Wahlen jedes Mal um etwa fünfzig Prozent erneuert. Die Chance eines Endes ihres Mandats ist für Europa-Abgeordnete deshalb hoch.

Immer wieder kommt es vor, dass Europa-Parlamentarier das Gefühl haben, ihre Arbeit werde von der eigenen Partei in der Heimat nicht hinreichend gewürdigt. Dies ist vor allem dann der Fall, wenn sie nach Jahren kompetenter und fleißiger Aktivitäten einen Platz weit hinten auf der Wahlliste zugewiesen bekommen, wodurch die Chance, wiedergewählt zu werden, sinkt. Wut, Enttäuschung und Frustration werden immer wieder geäußert.

Andere stellen sich gleich auf ein oder zwei wahrscheinliche Mandate ein. Wiederum andere haben die Chance, selbst zu entscheiden, wie lange sie Europa-Abgeordnete sein möchten, weil sie sich bereits vorher berufliche Alternativen erarbeitet haben.

Übung: Bestandsaufnahme und Abschiedsritual

Machen Sie am Ende Ihrer Amtszeit eine Bestandsaufnahme.
→ Was alles haben Sie von Ihrer zu Beginn der Legislatur erarbeiteten Strategie oder von Ihrem Plan umsetzen können?
→ Was steht noch offen?
→ Was davon ist Ihnen weiterhin ein großes Anliegen – unabhängig davon, in welchem beruflichen Rahmen Sie es umsetzen? Gehen Sie zurück auf Ihre Werte, Ihre Ziele, Ihre Authentizität.

Im Verhältnis zum Beginn Ihrer Amtszeit:
→ Welche persönlichen Entwicklungen haben Sie durchlaufen?
→ Wie weit sind Sie Ihrem eigenen Idealbild von einem Politiker – und vielleicht als Mensch – entgegengekommen?
→ Welche Lernziele haben Sie erreicht?
→ Welche Ihrer politischen Ziele haben Sie umsetzen können?
→ Zu welchen politischen Zielen konnten Sie Beiträge leisten?
→ Was hat Ihnen dabei jeweils besonders geholfen?
→ Wer oder was hat Sie besonders beeindruckt?

→ Welche Ihrer Grundwerte und Überzeugungen waren dabei besonders hilfreich?

→ Welche Grundwerte und Überzeugungen anderer haben zu den politischen Erfolgen beigetragen?

→ Welche nützlichen Schlussfolgerungen können Sie hieraus für sich ziehen?

Wenn Sie zurückdenken an Ihre Ziele für die Gesellschaft, die Politik und die Welt:

→ Welche Aspekte sind hiervon Wirklichkeit geworden?

→ Wie hat sich Ihr politisches Umfeld weiterentwickelt: Ihre Kommune, Ihre Stadt, Ihr Land, die Europäische Union oder Ihr Kontinent?

Schauen Sie sich an, was Sie erreicht haben – für sich selbst, allein, mit der Fraktion, der Partei, in der Politik insgesamt. Sicherlich gab es Niederlagen. Hier geht es zunächst um den Blick auf die Erfolge.

Feiern Sie das Erreichte! Mit Ihren Mitarbeitern, Ihren Kollegen, Ihrem Netzwerk, Ihrer Familie, Ihren Freunden – wie auch immer, in welcher Form auch immer. Setzen Sie sich hiermit Marksteine. Gleichzeitig können Sie sich mit dem Feiern von einem Lebensabschnitt verabschieden. Ein neuer beginnt, entweder ein erneuertes Mandat oder etwas ganz anderes.

Sollte es für Sie nach Ihrer Einschätzung einschneidende Niederlagen gegeben haben, was sind die wichtigsten Lehren hieraus? Was machen Sie in Zukunft anders? Feiern Sie trotzdem alles, was erfolgreich war, und das Ende dieses Lebensabschnitts.

Übung: Wertebezogene Visionen und Ziele für die Zukunft

Der Wahlkampf

Mit Wahlkämpfen haben Sie sicherlich viele Erfahrungen. Ihr Coach kann Ihnen helfen, sich anlässlich Ihrer Wahlveranstaltungen immer wieder auf Ihre Werte und Authentizität zu berufen. Hieraus können Sie schöpfen – für Ihre Glaubwürdigkeit und zu Ihrem Schutz vor Diffamierungen oder Angriffen.

→ Wie – vermuten Sie – werden Sie und Ihre Auftritte von den Bürgern gesehen?

→ Für wie vertrauens- und wahlwürdig halten die Bürger Sie Ihrer Meinung nach?

→ Wie beurteilen Sie sich selbst, wenn Sie sich bei politischen Debatten zuschauen und -hören würden?

Versetzen Sie sich in die Wähler hinein. Schauen und hören Sie sich vor Ihrem geistigen Auge und Ohr einen Wahlkampf-Spot an, in dem Politiker die politischen Gegner verunglimpfen.

→ Wie wirkt das auf Sie?

→ Wie reagieren Sie hierauf?

→ Wie steht dies im Verhältnis zu Ihren Erwartungen als Wähler an die Politik?

Überlegen Sie sich, wie Ihr eigener Wahlkampf aussehen soll.

→ Welchen Beitrag möchten Sie leisten?

→ Kehren Sie zurück zur Frage Ihrer Motivationen: Was treibt Sie jetzt an? Welche Ideen, Vorstellungen und Visionen haben Sie für ein nächstes Mandat?

→ Aufbauend auf Ihren Grundwerten: Wie gestalten Sie Ihre Auftritte?

→ Aufbauend auf Ihrer Bestandsaufnahme aus der vergangenen Legislaturperiode: Was wollen Sie tun, um Ihre politischen Ansätze weiterzubringen?

→ Wen müssen Sie einbinden?

Wenn Sie Ihr Mandat erneuern möchten:

→ Was müssen Sie tun?

→ Mit wem reden?

→ Wie können Sie Ihr Netzwerk nutzen?

→ Was ist Ihr erster Schritt?

Der Plan B

Erarbeiten Sie sich einen Plan B.

→ Welche Ziele möchten Sie verfolgen, wenn Sie nicht wiedergewählt werden? Wie können Sie Ihre Visionen außerhalb dieses politischen Mandats weiterverfolgen? Welche Ihrer Grundwerte sind dabei besonders nützlich?

→ Wie könnte Sie Ihr Netzwerk unterstützen?
→ Wen könnten Sie unterstützen?
→ Welche Ansätze, Kontakte, Entwicklungen aus Ihrem politischen Mandat können Sie für den Plan B nutzen?
→ Welche würden Sie in Zukunft gern weiterentwickeln?
→ Wo und in welcher Form wäre dies möglich?
→ Welche neu erworbenen zusätzlichen Qualifikationen, Kenntnisse, Erfahrungen und menschlichen Qualitäten können Sie aus der vergangenen Legislaturperiode in Ihren künftigen beruflichen Prozess einbringen?

Wenn Sie all dies weiterhin Menschen zugutekommen lassen möchten, wie müssten Sie vorgehen? Überlegen Sie systemisch, um die Vielfalt Ihrer Optionen zu erweitern. An welche Möglichkeiten haben Sie noch gar nicht gedacht?

Fazit

Selbst nach erfolgreicher politischer Arbeit und nach einem befriedigenden Wahlkampf kann das Ende einer Wahlperiode für jeden Politiker auch das Ende seiner Karriere bedeuten. Wer frühzeitig berufliche Alternativen entwickelt, ermöglicht sich, das von den Wählern nur befristet verliehene Mandat realistisch als solches zu betrachten und in einen alternativen Berufsweg überzugleiten, wenn er nicht wiedergewählt wird.

Eine gründliche Bestandsaufnahme über die hinzugewonnenen Erfahrungen, Kenntnisse und Qualifikationen erweitert die Perspektiven für den anschließenden Berufsweg.

Ein Ritual oder eine Abschlussfeier, mit der Sie Ihre Erfolge und die Ihrer Mitarbeiter honorieren, erleichtert den Abschied von dem zu Ende gehenden Lebensabschnitt und öffnet die Perspektive auf den kommenden.

Zusammenfassung des Hauptteils

In den vorangegangenen Kapiteln sind wir virtuell gemeinsam eine Legislaturperiode durchschritten, in der Sie sich Gedanken über sich selbst und Ihre Rolle und Aktivitäten als Politiker oder Politikerin gemacht haben.

In der Welt der Politik habe ich bewundernswerte, engagierte Menschen kennengelernt. Obwohl alle völlig unterschiedlich sind, stellt man häufig eine Verteilung der persönlichen Schwerpunkte fest, die ich Ihnen eher zur Illustration und ausdrücklich idealtypisch darstellen möchte:

Der »*Experte*«: Er kennt sich ungeheuer gut in seinem politischen Fachgebiet aus. Ist er beispielsweise Verfassungsexperte, weiß er alles über dieses Gebiet. Er wird dadurch zum Sprecher seiner Fraktion oder seiner Partei für Verfassungsfragen. Journalisten, Forscher, die Medien richten sich gezielt an ihn, denn er hat sich längst einen Namen auf dem Gebiet gemacht. Womöglich hat er in seinem Fachgebiet publiziert.

Seine Schwachstelle ist eher zwischenmenschlicher Natur. Wer sich nicht so gut auskennt wie er beziehungsweise auf andere Weise lernt und sich informiert als er, der läuft Gefahr, kein angemessener Gesprächspartner für ihn zu sein und entsprechend von ihm behandelt zu werden. Mancher »Experte« vermittelt auf diese Weise den Eindruck von Arroganz. Seine Netzwerkqualitäten und Kommunikationsfähigkeiten sind auf bestimmte Kreise beschränkt.

Der »*Mensch*«: Dieser Politiker verfügt über ein hohes Maß an zwischenmenschlichen Fähigkeiten. Er ist derjenige, der besonders gut bei Bürgern ankommt, denn er kann sich gut in die Menschen hineinversetzen. Er lädt gezielt Besuchergruppen ein und spricht gern auf Bürgerforen. Er hat auch einen Draht zu jungen Menschen und schafft es, dass auch sie ihm gern zuhören. Er ist beliebt und gesellig und lernt selbst am besten im Gespräch. Die Schwachstelle dieser Art von Politiker ist, dass sie nicht über das Maß an Expertise für einen Politikbereich verfügen wie der »Experte«. Der »Mensch« läuft deshalb Gefahr, insbesondere von »Experten«, nicht als angemessener Gesprächs- oder Verhandlungspartner wahrgenommen zu werden.

Der »Charismatiker«: Diesem Politiker gelingt beides und mehr. Er hat Fachkenntnis in seinem Politikbereich und verfügt darüber hinaus über große Reflexionskraft in übergeordneten Gesamtzusammenhängen. Sein zwischenmenschlicher Tiefgang und seine menschlichen Fähigkeiten machen ihn zu einem großen, beliebten Redner. Alles zusammen trägt dazu bei, dass auch die Medienaufmerksamkeit bei diesem Politiker hoch ist.

Er scheint ganz er selbst zu sein und wirkt damit authentisch. Dies wiederum, gekoppelt mit seinem Wissen und seinen Erfahrungen macht ihn zu einem glaubwürdigen und charismatischen Politiker. Die Wähler vertrauen ihm und schätzen ihn. Sie erwarten von ihm politische Führung. Fehlt es ihm mal an Fachwissen, geht er damit offen um und liefert die erbetene Information später nach. Er weiß, dass er sich auf ein exzellentes Netzwerk von Menschen stützen kann, bei denen er unmittelbar Fehlendes abrufen kann.

Die vorangegangenen Kapitel haben sich mit Fragen und Wegen befasst, wie Sie sich zu einer solchen glaubwürdigen, authentischen und beliebten, politischen Persönlichkeit entwickeln können, wenn das Ihr Wunsch ist.

Sie fangen bei sich selbst an und tragen auf diese Weise mit Ihrer reflektierten Arbeit an sich und an Ihren Themen zu einer nachhaltigen Politik bei.

Anmerkungen

1 Hüseyin bedeutet »der Ruhige«
2 House und Fifield (2008).
3 Siehe Gabaldon (2008).
4 Siehe hierzu z. B. Feustel und Komarek (2008), S. 76 ff.
5 Name unverändert: Es gibt ihn wirklich!
6 Tipps der Karriereberaterin Angelika Gulder aus ihrem Buch »Finde den Job, der dich glücklich macht: Von der Berufung zum Beruf« (2007).
7 Die Idee von »Flachland« ist von Paul Watzlawick (»Wie wirklich ist die Wirklichkeit«) entlehnt; sie wird aber auch von Ken Wilber (z. B. »Eine kurze Geschichte des Kosmos« oder »Eros, Kosmos, Logos«) immer wieder benutzt.
8 1958, als das Parlament noch »Europäische Versammlung« hieß.
9 Schuman (1964).
10 Elting (2006).

11 Auf der Grundlage des neuen EU Vertrages von Lissabon (Dezember 2009) haben die Europa-Abgeordneten mit der Kommission neue Kompetenzen ausgehandelt und seit Februar 2010 ein praktisches Initiativrecht erwirkt.

12 Ein Standardwerk zum Europäischen Parlament ist beispielsweise das Buch »The European Parliament« von Richard Corbett, Francis Jacobs und Michael Shackleton (2007).

13 Eine beachtliche Zahl für ein Land mit 320.000 Einwohnern!

14 Siehe die Website der sogenannten »Nationalversammlung«: http://thjodfundur2009.is/english/

15 Auch die sich immer häufiger entwickelnden alternativen Geldsysteme oder Tauschringe sind ein Zeichen dafür, dass sich Menschen von der Politik, von Finanzkrisen und deren traditionellen Regelungen unabhängig machen. Siehe hierzu beispielsweise: www.tauschring.de

16 Christian Teriete, WWF Deutschland, in der Tagesschau (ARD) vom 19.12.2009.

17 Vgl. auch: www.wisdom-works.com

18 Siehe Kourilsky (2004), S. 75 ff.

19 Isaac Newton, britischer Philosoph, Naturwissenschaftler und Mathematiker (1643–1727), hat zu grundlegenden Erkenntnissen über Mechanik, Bewegungsgesetze und Gravitation beigetragen.

20 René Descartes (1596–1650), Begründer der neuzeitlichen Philosophie und ihres Rationalismus.

21 Vgl. hierzu beispielsweise Heinz von Foerster (2009) und Humberto R. Maturana (2008).

22 Paul Watzlawicks »Geschichte mit dem Hammer« findet sich in seiner »Anleitung zum Unglücklichsein« (1983): In dieser Geschichte möchte ein Mann ein Bild aufhängen und stellt fest, dass er keinen Hammer hat, um den Nagel in die Wand zu bringen. Er beschließt, bei seinen Nachbarn einen auszuleihen. Nun kommen ihm die ersten Bedenken: Er kennt diese Nachbarn kaum, neulich haben sie ihn nicht gegrüßt, die Frau habe ihn zudem so merkwürdig angeschaut und so weiter und so fort. Seine Bedenken werden zu Ärger über diese unkooperativen Nachbarn. Er steigert sich schließlich so in seine Wut hinein, dass er zu den Nachbarn hinaufläuft und klingelt. Als der Nachbar öffnet, beschimpft er den Verblüfften auf unflätige Weise, er könne seinen Hammer für sich behalten.

23 Wenn Sie diese Denkmodelle weiter erforschen möchten, empfehle ich die Untersuchungen von Senge et al. (2008) und Scharmer (2009) oder von Wheatley (1997) und Mindell (2006). Die Argumente der beiden letzteren sind, dass wir – bewusst oder unbewusst – unsere zwischenmenschlichen Interaktionen, vor allem in der Arbeitswelt, für gewöhnlich nach naturwissenschaftlichen Modellen ausrichten. Das vorherrschende Modell ist dabei immer noch ein mechanisches, gemäß beispielsweise den Arbeiten von Isaac Newton. Die Welt hat sich allerdings verändert, ist vernetzter geworden, und auch die Naturwissenschaften haben inzwischen seit Newton neue Erkenntnisse und Modelle hervorgebracht. Wheatley und Mindell erarbeiten deshalb, wie sich unsere zwischenmenschlichen Beziehungen, die Beziehungen in Organisationen und in der Welt darstellen könnten, wenn wir sie statt anhand mechanischer nunmehr gemäß quantenphysischen Regeln gestalten

würden. Auch hierbei zeigt sich, von welch herausragenden Bedeutung die Qualität von Beziehungen zwischen Menschen und innerhalb von Systemen sind.

24 Vgl. hierzu Kourilsky (2004) und Wheatley (1997).

25 Siehe www.worldwork.biz

26 Vgl. Goleman Boyatzis und McKee (2003).

27 Goleman, Boyatzis und McKee (2003) beschreiben vier Bereiche, in denen emotionale Intelligenz gelernt werden kann: in Bezug auf sich selbst – Selbstwahrnehmung und das Selbst-Management –, in Bezug auf andere – die soziale Wahrnehmung – und das Management von Beziehungen (S. 39).

28 House und Fifield (2008).

29 Siehe Fisher, Ury und Patton (2004) sowie Fisher und Shapiro (2007).

30 Siehe Rosenberg (2010).

31 Vgl. z. B. Bennett (1998), Hoofstede (2009), Lewis (2006) und Rosinski (2003).

32 Vgl. Charteris-Black (2005). Zum Überblick siehe www.sprache-in-der-politik.de

33 Vgl. Lakoff und Wehling (2009).

34 Lakoff und Wehling (2009), S. 83.

35 Lakoff und Wehling (2009), S. 184.

36 Lakoff und Wehling (2009), S. 184.

37 Für allgemeine Informationen: www.institut-fuer-achtsamkeit.de

38 Seit über zwanzig Jahren arbeitet der Dalai Lama mit führenden Wissenschaftlern verschiedener Disziplinen, vielfach der Neurowissenschaften, zusammen im Rahmen der Mind-Life-Dialoge. Das Mind and Life Institute in Boulder (USA) hat seit 2009 eine Zweigstelle in Zürich. Ziel von Mind and Life ist es, wissenschaftliche Grundlagen dafür zusammenzutragen, mit welchen Methoden und Praktiken wir unseren Geist kultivieren können, um besser mit Herausforderungen umgehen, mentale Fitness entwickeln sowie emotionales Gleichgewicht, Gutherzigkeit und Einfühlsamkeit erreichen zu können. Siehe www.mindandlife.org

39 Beispielsweise folgende Aufsätze (Zugriff unter www.thecompletelawyer.com): West Allen, S., Schwartz, J. M. (2007). Lead your brain instead of letting it lead you – By drawing on five principles of neuroscience, you can become a better leader of yourself and others, 05/05. West Allen, S., Schwartz, J. M. (2008). Exercise Mind Hygiene On A Daily Basis – Self-awareness is the key to making real changes in your life, 29/04.

40 Kabat-Zinn (2005), S. 572.

Ausblick

Eine Stimme für eine künftige Politik

Am 11. November 2009, anlässlich des 20. Jahrestages der Wende in Mittel- und Osteuropa, deutete der ehemalige Präsident der Tschechischen Republik, Václav Havel, in seiner Ansprache vor dem Europäischen Parlament seine Vision vom politischen Zusammenleben in einer vernetzten Welt so an:

»Die europäische Integration, dank derer der größere Teil unseres Kontinents schon so lange in Frieden lebt, ist in der Tat ein einzigartiger Versuch, einen demokratischen Zusammenschluss von Staaten zu schaffen. Dies ist keine reine Föderation, wird sie auch nicht so bald sein, auch keine traditionelle Konföderation. Es handelt sich dabei schlichtweg um etwas Neues. Möge dieser Versuch lehrreich für andere sein! Das ist aber nicht das Entscheidende. Ich glaube, dass die Europäische Union die Chance hat, den Rest der Welt mit etwas viel Tiefergehendem als nur mit ihrem Modell der Zusammenarbeit zwischen Völkern zu inspirieren. Damit spreche ich den konsequenten Versuch an, all die kontroversen Dinge zu korrigieren, mit denen Europa den gesamten Charakter der heutigen Zivilisation geprägt oder beeinflusst hat. Dies ist ein Prozess, der jetzt womöglich langsam anläuft.

Ich meine damit die Abkehr vom Kult des Gewinnstrebens um jeden Preis ohne Rücksicht auf die langfristigen und unumkehrbaren Konsequenzen, die Abkehr vom Kult des quantitativen Wachstums und des ständig wachsenden Wachstums, die Abkehr von der primitiven Vorstellung, Amerika oder China oder irgendjemanden unbedingt einholen und überholen zu müssen, und ebenso die Abkehr von der gefährlich konzeptlosen Besiedlung der Erde und der kopflosen Ausplünderung des Planeten ohne Rücksicht auf die Umwelt und die Belange künftiger Generationen. Damit meine ich natürlich auch ausgeklügelte Konzepte der Energieeinsparung, bei welchen sich der Erfolg eines Staates nicht am steigenden, sondern im Gegenteil am sinkenden Verbrauch bemisst.

Dies alles ist allerdings nur möglich unter der Bedingung, dass sich in der Seele selbst des heutigen Europäers etwas ändert. Er sollte angesichts der neuesten Erkenntnisse der Kosmologie ein klein wenig demütiger sein, und er sollte auch an das denken, was nach seinem Tode sein wird. Er sollte sich verneigen vor dem Mysterium des Weltalls und des Daseins selbst, kurz gesagt, er sollte sich wieder stärker im Zusammenhang mit der Ewigkeit und Unendlichkeit sehen, so wie es in den ersten Phasen der europäischen Entwicklung bereits der Fall war. Wir sollten ernsthaft darüber nachdenken, dass nichts, was geschehen ist, jemals wieder ungeschehen gemacht werden kann, dass alles irgendwo erinnert wird – wenn auch nur in Form von fliegendem Licht – und dass deshalb nichts für immer vergeben wird.«[1]

Die Zukunft des Coachings in der Politik

Was die Dienstleistung des Coachings angeht, so wird sie sich mit der Zeit in der Politik genauso durchsetzen wie in der freien Wirtschaft. Irgendwann wird sie nicht mehr wegzudenken sein.

Verantwortungsbewusste Entscheidungsträger, deren Arbeit Auswirkungen auf die Menschen, ihr Leben, die Umwelt, unsere Erde hat, suchen Wege, aus ihrer Position der einsamen Entscheidungen herauszukommen. Immer häufiger müssen sie Entscheidungen treffen, ohne alles zu wissen, alle Details kennen zu können.

Sie suchen Zeit und Anregung zur Reflexion ihrer Ideen und Möglichkeiten zur Entwicklung ihrer Politik und ihrer eigenen Persönlichkeit. Sie wollen nicht getrieben sein vom hektischen Tagesgeschäft, in dem sie nur noch reagieren. Stattdessen wollen sie proaktiv gemeinsam mit anderen eine menschenwürdige Politik gestalten und die Weltläufe einflussnehmend steuern.

Ein Coach, der über entsprechende »Werkzeuge« verfügt, steht der Politikerin und dem Politiker zur Verfügung, um sie oder ihn genau hierbei zu unterstützen.

Seinerseits muss das Coaching für Politiker sich eingehend mit der Situation von Politikern befassen, um ihnen zu helfen, die von ihnen empfundenen Sachzwänge zu hinterfragen und zu bearbeiten. Es muss ein Coaching auf hohem Niveau sein, das sich selbst ständig weiterentwickelt. Es zieht in Betracht, dass Politiker Entscheidungen treffen, ohne alle Fakten der globalen Zusammenhänge kennen zu können. Daher sind alternative Parameter erforderlich, anhand derer Entscheidungen guten Herzens getroffen werden können. Dabei wird es mehr um Qualität, Werte und Menschlichkeit als nur um Quantität und Fakten gehen, denn es gibt Werte, die sind universell!

Das Coaching für Politiker wird die globalen Entwicklungen einschließen und mit entsprechenden Modellen hierauf eingehen. Integrative Theoriekonzepte, wie beispielsweise die von Ken Wilber, Don Beck und Christopher Cowan und vielen anderen, die bemüht sind, die Welt, die Menschen, ihr Denken und dessen Auswirkungen systemisch als Gesamtheit zu betrachten, werden hierbei helfen. Dies gilt auch für ganzheitliche Sichtweisen auf unsere Welt, uns Menschen und unsere Entwicklung, wie sie etwa die Arbeiten von Ervin Laszlo oder Jeremy Rifkin widerspiegeln.[2]

Politiker werden auch Gruppenarbeit unter Anleitung von entsprechend ausgebildeten Coaches für sich nutzen, wie dies in vielen Unternehmen, sonstigen gesellschaftlichen Bereichen und in einigen wenigen Behörden bereits geschieht. Hierbei werden Methoden wie Team-Coaching, Soziokratie, Open Space Technology und ähnliche angewendet. Ziel ist dabei jeweils, die kollektive Intelligenz der Gruppe oder der Organisation zu fördern und einzusetzen.[3] Diese »Gruppen-Intelligenz«, wenn gezielt entwickelt, ist immer stärker und größer als die Intelligenz jedes Einzelnen in der Gruppe.

Entscheidungen mit weitreichenden Auswirkungen können ausgewogener getroffen werden. In der Politik ist diese Vorgehensweise vorstellbar, beispielsweise für Arbeits- und Projektgruppen, Delegationen, Konferenzen, auch parteiübergreifend, und für Kabinette oder ganze Fraktionen.

Ziel ist immer, Ihnen allen als politische Entscheidungsträger in einer zusammenwachsenden Welt zu helfen, Ihren Herausforderungen gewachsen zu sein und Ihre politischen Entscheidungen nachhaltig treffen zu können.

Wieder einmal kann das Krisenland Island als Beispiel dienen. Im Anschluss an die Erfahrungen des »Ameisenhaufens«, also der politischen Eigeninitiative der Bürger Islands im November 2009 (→ siehe Kapitel »Visionen entwickeln«), waren einige Politiker stark beeindruckt. Im Laufe nur eines Tages hatte eine um die 1200 Menschen starke und heterogene Gruppe sich auf eine Reihe von Grundwerten einigen können und darüber hinaus Zielvorstellungen für neun zu verbessernde Politikbereiche definiert. Diese Menschen hatten sich selbst organisiert und waren zu Lösungen und Aktionsplanungen gekommen.

Meine isländische Kollegin Rúna Magnúsdóttir, die als Coach eine der führenden Leiterinnen der Nationalen Versammlung, des »Ameisenhaufens«, war, erzählte mir, dass sie im Anschluss an die Versammlung von einer der isländischen politischen Parteien gebeten worden war, ein Team-Coaching für Partei-Mitglieder durchzuführen. Eine der Erfahrungen dieser Politiker war, so berichtete Rúna, dass sich statt des politiküblichen »Ich-habe-Recht-du-hast-Unrecht«-Schlagabtausches echte Dialoge mit Zuhören und Tiefgang entwickeln konnten.

Es muss nicht erst zu großen Krisen kommen wie in Island, bevor sich die Qualität unserer Kommunikation und unserer Beziehungen verbessert und somit eine nachhaltige Politik für unseren Planeten gelingt.

Abschlussbemerkung

Mit diesem Buch möchte ich dazu beitragen, dass die Unterstützung von neutraler Seite für Politiker auf allen Ebenen selbstverständlicher wird. Ich möchte dazu beitragen, dass Politiker sich die Zeit nehmen, sich zu verbinden mit ihrem innersten mitmenschlichen Kern, um dadurch authentisch und glaubwürdig sein zu können. Und ich möchte dazu beitragen, dass sie aus diesem Innersten heraus eine nachhaltige Politik miteinander, mit und für uns Menschen, für die Umwelt und für unseren Planeten machen können.

Politik und Wirtschaft kommen immer mehr zu der Erkenntnis, dass Wachstum und Quantität nicht zu mehr subjektivem Wohlemp-

finden der Menschen geführt haben. Das zeigen zahlreiche Well-
being-Initiativen und die Glücksforschung. Es wächst die Erkenntnis,
dass das subjektive Wohlgefühl des Einzelnen der gesamten Gesellschaft nutzt, sicherlich besonders in Krisenzeiten.

Das Coaching seinerseits ist sich in seiner Entwicklung seiner
gesamtgesellschaftlichen globalen Verantwortung bewusst geworden. Das zeigt die wachsende Flut von ganzheitlichen, neurowis-
senschaftlichen und Leadership-Studien, welche mehr und mehr
die Coaching-Praxis nähren.

Vielleicht kann dieses Buch dazu beitragen, beide Entwicklungen
langsam zu verknüpfen, denn beide verfolgen ganz ähnliche Ziele:
Leben und Gesellschaften weltweit verbessern und dabei beim Einzelnen anfangen. Wie immer Sie auch vorgehen, es würde mich
freuen, wenn Sie dieses Buch für sich als nützlich und interessant
empfinden, und ich bin dankbar für Ihr Feedback und Ihre Vorschläge.

Anmerkungen

1   Havel, V. (2009). Festrede anlässlich des 20. Jahrestag der Wende in Mittel- und
    Osteuropa am 11. November 2009. Brüssel, S. 3.
2   Entsprechende Literaturangaben finden Sie im Literaturverzeichnis.
3   Siehe hierzu die Arbeiten von Margaret Wheatley (1997), Peter Senge et al. (2008)
    oder Otto C. Scharmer (2009) oder etwa Techniken zur Förderung der kollektiven
    Intelligenz von Gruppen/Organisationen wie »Open Space Technology«, »Sozio-
    kratie« etc.

Literatur und Literaturempfehlungen

Coaching, Persönlichkeitsentwicklung, Neurowissenschaften, systemische Ansätze

Beck, D. E., Cowan, C. C. (2007). Spiral Dynamics – Leadership, Werte und Wandel: Eine Landkarte für das Business, Politik und Gesellschaft im 21. Jahrhundert. Bielefeld: Kamphausen.

Bennett, M. J. (1998). Basic Concepts of Intercultural Communication – Selected Readings. Yarmouth: Intercultural Press.

Childre, D. (2000). Die Herzintelligenz entdecken (2. Aufl.). Kirchzarten: VAK Verlags GmbH.

Dilts, R. (2003). From Coach to Awakener. Capitola: Meta Publications.

Dweck, C. (2007). Selbstbild. Wie unser Denken Erfolg oder Niederlagen bewirkt. Frankfurt a. M.: Campus.

Feustel, B., Komarek, I. (2008). NLP-Trainingsprogramm. Coachen Sie sich selbst (2. Aufl.). München: Südwest.

Fisher, R., Shapiro, D. (2007). Erfolgreicher verhandeln mit Gefühl und Verstand. Frankfurt a. M.: Campus.

Fisher, R., Ury, W., Patton, B. (2004). Das Harvard Konzept (22. Aufl.). Frankfurt a. M.: Campus.

Foerster, H. von (2009). Einführung in den Konstruktivismus. München: Piper.

Fradin, J.(2008). L'Intelligence du Stress. Paris: Édition Eyrolles.

Gabaldon, E. (2008). Negotiating on the Same Side of the Table. In M. Randall (Ed.), Winning without compromising yourself (pp. 45–55). Morgan Hill: Salon Press.

Gallway, T. (2000). The Inner Game of Work. New York: Random House.

Goleman, D. (2008). Soziale Intelligenz: Wer auf andere zugehen kann, hat mehr vom Leben. München: Knaur.

Goleman, D., Boyatzis, R., McKee, A. (2003). Emotionale Führung. Berlin: Ullstein.

Gulder, A. (2007). Finde den Job, der dich glücklich macht. Frankfurt a. M.: Campus.

Hargens, J. (2007). Bitte nicht helfen! Es ist auch so schon schwer genug (6. Aufl.). Heidelberg: Carl-Auer.

Hoofstede, G. et al. (2009). Lokales Denken. Globales Handeln: Interkulturelle Zusammenarbeit und globales Management. München: DTV.

House, S., Fifield, A. (2008). Self-Mastery and Political Power. In M. Randall (Ed.), Winning without compromising yourself (pp. 79–96). Morgan Hill: Salon Press.

Hüther, G. (2004). Bedienungsanleitung für ein menschliches Gehirn. Göttingen: Vandenhoeck & Ruprecht.

Hüther, G. (2006). Die Macht der inneren Bilder (2. Aufl.). Göttingen: Vandenhoeck & Ruprecht.

Kabat-Zinn, J. (2005). Coming to our Senses. Healing Ourselves and the World Through Mindfulness. New York: Hyperion (dt.: Zur Besinnung kommen: Die Weisheit der Sinne und der Sinn der Achtsamkeit in einer aus den Fugen geratenen Welt. Freiburg: Herder, 2008).

Kotsou, I. (2008). Intelligence émotionnelle et management – comprendre et utiliser la force des émotions. Brüssel: De Boeck.

Kourilsky, F. (2004). Du Désir au Plaisir de Changer. Paris: InterEditions.

Kourilsky, F. (2010). Se réjouir, S'apaiser, Réussir. Paris: InterEditions.

Lauterbach, M. (2005). Gesundheitscoaching. Heidelberg: Carl-Auer.

Lewis, R. D. (2006). When cultures collide – Leading across cultures (3rd ed.). Boston u. London: Nicholas Brealey Publishing.

Maturana, H. R. (2008). Biologie der Realität. Frankfurt a. M.: Suhrkamp.

Mindell, A. (2006). Quanten Geist und Heilung. Petersberg: ViaNova.

Randall, M. (Ed.) (2007). Winning without compromising yourself. Morgan Hill: Salon Press.

Rock, D., Page, L. J. (2009). Coaching with the Brain in Mind. New Jersey: Wiley.

Rosenberg, M. (2007). Gewaltfreie Kommunikation: Eine Sprache des Lebens. Paderborn: Junfermann.

Rosinski, P. (2003). Coaching across Cultures – New tools for leveraging National, Corporate and Professional Differences. London: Nicholas Brealey Publishing.

Rosinski, P. (2010). Global Coaching – An integrated Approach for long-lasting Results. London: Nicholas Brealey Publishing.

Scharmer, C. O. (2009). Theory U – Leading from the Future as It Emerges. San Francisco: SoL, the Society for Organizational Learning.

Senge, P., Scharmer, C. O., Jaworski, J., Flowers, B. S. (2008). Presence – Exploring profound change in people, organizations and society. London u. Boston: Crown Business.

Tipping, C. C. (2006). Ich vergebe – Der radikale Abschied vom Opferdasein. Bielefeld: Kamphausen.

Tolle, E. (2005). Eine neue Erde: Bewusstseinssprung anstelle von Selbstverstörung. München: Goldmann.

Tolle, E. (2010). Jetzt! Die Kraft der Gegenwart. Bielefeld: Kamphausen.

Tomaschek, N. (2003). Systemisches Coaching, ein zielorientierter Beratungsansatz. Wien: facultas.wuv.

Vester, F. (2008). Die Kunst vernetzt zu denken – Ideen und Werkzeuge für einen neuen Umgang mit Komplexität (7. Aufl.). München: DVA.

Watzlawick, P. (1983). Anleitung zum Unglücklichsein. München: Piper.

Watzlawick, P. (2007). Wie wirklich ist die Wirklichkeit? (5. Aufl.). München: Piper.

Wheatley, M. J. (1997). Quantensprung der Führungskunst. Leadership and the New Science. Reinbek: Rohwolt.

Whitmore, J. (2009). Coaching für die Praxis: Wesentliches für jede Führungskraft. Staufen: allesimfluss-Verlag.

Wilber, K. (2001). Eros, Kosmos, Logos (4. Aufl.). Frankfurt a. M.: Fischer.

Wilber, K. (2007). Eine kurze Geschichte des Kosmos (8. Aufl.). Frankfurt a. M.: Fischer.

Wilber, K. et al. (2008). Integral Life Practice. A 21st-Century Blueprint for Physical Health, Emotional Balance, Mental Clarity, and Spiritual Awakening. London: Integral Books.

Politik

Audision, G., Chiara, A. (1999). Schuman, Adenauer, De Gasperi – Fondateurs de l'Europe unie selon le projet de Jean Monnet. Paris: Salvator.

Campbell, A. (2007). The Blair Years. Mishawaka: Better World Books.

Charteris-Black, J. (2005). Politicians and Rhetoric – The persuasive power of Meta phor. Hampshire: Palgrave Macmillan.

Corbett, R., Jacobs, F., Shackleton, M. (2007). The European Parliament (7th ed.). London: John Harper Publishing.

Elting, H.-H. (2006). Aus christlicher Überzeugung zur europäischen Einigung: Robert Schuman. Zugriff unter http://biblio.domuni.org

Lakoff, G., Wehling, W. (2009). Auf leisen Sohlen ins Gehirn – Politische Sprache und ihre heimliche Macht (2. Aufl.). Heidelberg: Carl-Auer.

Laszlo, E. (2009). Weltwende 2012: Wie eine grüne Wirtschaft, Neue Politik und ein höheres Bewusstsein zusammenwirken. München: Scorpio.

Laszlo, E. (2010). Der Quantensprung im Globalen Gedächtnis – Wie ein neues wissenschaftliches Weltbild uns und unsere Welt verändert. Petersberg: ViaNova.

Müller, H. (2008). Wie kann eine neue Weltordnung aussehen – Wege in eine nachhaltige Politik. Frankfurt a. M.: S. Fischer.

Jäger, J. (2007). Was verträgt unsere Erde noch? Wege in die Nachhaltigkeit (4. Aufl.). Frankfurt a. M.: S. Fischer.

Priestley, J. (2008). Six Battles that shaped Europe's Parliament. London: John Harper.

Rifkin, J. (2010). Die Empathische Zivilisation – Wege zu einem globalen Bewusstsein, Frankfurt a. M. u. New York: Campus.

Schuman, R. (1964). Pour l'Europe (2. Aufl.). Paris: Les éditions Nagel.

Stämpfli, R. (2007). Die Macht des richtigen Friseurs – Über Bilder, Medien und Frauen, Brüssel: Kunstverlag Bartleby & Co.

Zinn, H. (Ed.) (2006). Mindful Politics – A Buddhist Guide to Making the World a Better Place. Boston: Wisdom Publications.

Wenn Sie weiterlesen möchten ...

Heidi Möller
Beratung in einer ratlosen Arbeitswelt
Interdisziplinäre Beratungsforschung, Band 2.

Die Arbeitswelt hat sich in den letzten Jahren rasant verändert. Einzel-, Team- und Unternehmensberatung haben Hochkonjunktur. Einen Überblick über theoretische Zugänge und praktische Lösungen bietet dieses Buch.

Begleitung von Börsengängen, Changeprozesse an Universitäten, Fragen der Unternehmensnachfolge, Stolpersteine weiblicher Karrieren und Teamsupervision in sterbenden Organisationen – Beratungsherausforderungen gibt es in einer Arbeitswelt, die sich in einem tiefgreifenden Strukturwandel befindet, viele. In diesem Buch finden sich vor dem Hintergrund eines psychodynamischen Organisations- und Beratungsverständnisses sowohl konzeptionelle Überlegungen als auch Zugänge zu verschiedenen Anwendungsfeldern. Zahlreiche Fallbeispiele illustrieren das Vorgehen in der Praxis.

Kurt F. Richter
Coaching als kreativer Prozess
Werkbuch für Coaching und Supervision mit Gestalt und System

Karriereplanung, Entwicklung von beruflichen Kompetenzen, Konfliktbewältigung – mit diesem umfassenden Beratungskonzept für die Praxis kein Problem!

Immer mehr Menschen suchen Begleitung und Unterstützung in veränderungsbedürftigen oder neuen Arbeitszusammenhängen. Das Coachingkonzept von Kurt F. Richter verbindet systemische, gestalt- und körpertherapeutische Methoden zu einem pragmatischen und effektiven Beratungsmodell. Neben nützlichem Hintergrundwissen bietet das Buch einen prall gefüllten Methodenkoffer mit 125 Tools für die häufigsten Coachingsituationen. Im Anhang findet sich eine nach Anwendungsbereichen und Settings gegliederte Übersicht aller Übungen.

Christoph Eichhorn
Souverän durch Self-Coaching
Ein Wegweiser nicht nur für Führungskräfte

Ein Trainingsprogramm, das eigene Stärken fördert und auf den Wunsch nach persönlichem Wachstum baut. Das systematische Vorgehen anhand von Modulen bietet eine Anleitung, gerade in Führungspositionen mehr Souveränität zu erlangen, lässt aber auch Platz, den eigenen Weg zu bestimmen.

»Das Trainingsprogramm ist wissenschaftlich fundiert, kann mit wenig Ausdauer einfach angewendet werden und stellt immer wieder den Bezug zur Praxis her.« *www.trainerbuch.de*

Nie wieder Zeitnot!

V&R

Hermann Rühle
**Drehbuch
für ein perfektes
und ein chaotisches
Zeitmanagement**
2011. 272 Seiten mit 6
Cartoons von Jörg Plannerer,
kartoniert
ISBN 978-3-525-40330-3

Das Thema Zeitmanagement hat Konjunktur. 1990 klagte jeder vierte
Beschäftigte über häufige Zeitnot, zehn Jahre später jeder Zweite. Heute
leiden zwei Drittel aller Deutschen unter Zeitknappheit.

»Perfektionisten« und »Chaoten« gehen jedoch grundverschieden mit
der Ressource Zeit um. Die perfekten Planungsweltmeister bringen langfristige Aufgaben solide auf die Reihe, sie gehen in der Arbeit auf, sind
gut organisiert, pünktlich und gewissenhaft. Die flexiblen Chaoten nutzen überraschungskompetent die Gunst der Stunde, ihr soziales Netzwerk lässt sie nicht im Stich, sie halten den Organisationsaufwand klein
und lassen sich von der knappen Zeit nicht versklaven. Für beide Typen
gibt es bisher ein und dasselbe Zeitmanagement. Alle sollen sich auf die
gleiche Weise organisieren. Das funktioniert nicht.

Hermann Rühle hat ein Drehbuch im wahrsten Sinne des Wortes entwickelt, in dem er unterhaltsam und gleichzeitig wissenschaftlich fundiert
beide Arbeitsstile beschreibt und sowohl dem Perfektionisten als auch
dem Chaoten verrät, wie ein maßgeschneidertes, praxistaugliches Zeitmanagement aussieht. Der von zwei Seiten zu lesende Ratgeber verrät
außerdem, wie beide Typen miteinander kooperieren und voneinander
profitieren können.

Vandenhoeck & Ruprecht

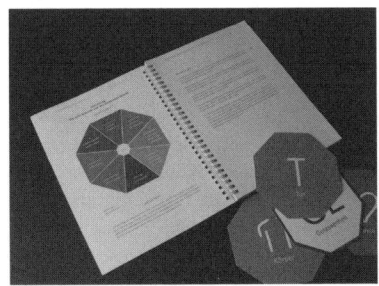